本书受到国家社科基金重大项目（19ZDA134）；国家社科基金一般项目（20BZZ013）；中国政法大学第六批青年教师学术创新团队支持计划（19CXTD05）；中国政法大学端升青年学者计划的资助。

光明社科文库
GUANGMING DAILY PRESS:
A SOCIAL SCIENCE SERIES

·法律与社会书系·

清廉转型

——比较与借鉴

李 莉 | 著

光明日报出版社

图书在版编目（CIP）数据

清廉转型：比较与借鉴 / 李莉著. -- 北京：光明日报出版社，2022.8

ISBN 978-7-5194-6737-1

Ⅰ.①清… Ⅱ.①李… Ⅲ.①地方政府-廉政建设—研究—香港 Ⅳ.①D630.9

中国版本图书馆 CIP 数据核字（2022）第 188755 号

清廉转型：比较与借鉴

QINGLIAN ZHUANXING：BIJIAO YU JIEJIAN

著　　者：李　莉

责任编辑：石建峰　　　　责任校对：刘浩平

封面设计：中联华文　　　　责任印制：曹　诤

出版发行：光明日报出版社

地　　址：北京市西城区永安路 106 号，100050

电　　话：010－63169890（咨询），010－63131930（邮购）

传　　真：010－63131930

网　　址：http：//book. gmw. cn

E - mail：gmrbcbs@ gmw. cn

法律顾问：北京市兰台律师事务所龚柳方律师

印　　刷：三河市华东印刷有限公司

装　　订：三河市华东印刷有限公司

本书如有破损、缺页、装订错误，请与本社联系调换，电话：010-63131930

开　　本：170mm×240mm

字　　数：180 千字　　　　印　　张：10.5

版　　次：2023 年 1 月第 1 版　　　　印　　次：2023 年 1 月第 1 次印刷

书　　号：ISBN 978-7-5194-6737-1

定　　价：85.00 元

前　言

转换一种思维

“话语是由符号构成的，但是，话语所做的，不只是使用这些符号以确指事物。”① 从语言表达上看，同一内涵的事与物有可能会呈现不同形式的表达。语言背后折射出人们对待同一事物的不同观念。腐败及其研究领域也是这样。学术文献梳理发现，从“腐败”到“反腐败”，从“廉政”到“廉洁”等，先后有不同词汇和概念被应用；进一步研究还发现，在以往的文献中使用较多的是“腐败”“反腐败”，之后开始使用“廉政”；近年来，“廉洁”“清廉”的使用逐渐增多，诸如

① 福柯．知识考古学［M］．谢强，马月，译．北京：生活·读书·新知三联书店，2003.

构建廉洁政治①、廉能政治②，建设清廉国家③，塑造廉洁文化④等概念逐渐为学界所关注。显然，语言表达的变化既反映出当下反腐败实践的新特征，也表明了学术思考的某种转向。对于腐败及反腐败的研究，需要转换一种思维，将其放在一个动态的视角下重新审视。本书的写作缘起也正是在这样的思考中展开的。

一方面，“清廉转型”是一种立足于腐败研究范式转型的探索。本书所提炼出的“清廉转型”概念正是针对廉洁治理的归纳与提炼，但实际上也是对这一独特的廉政治理范式的定义。首先，“清廉转型”所指的廉政治理范式首先表明了世界范围内，从贪腐向廉洁的转型是现代国家普遍实践的治理过程。这一转型过程本质上是人类社会追求善治的终极价值的体现。其次，“清廉转型”所指的廉政治理范式还表明了人类社会在探索从腐败向廉洁转型的过程，实际是探寻善治模式的过程。这一过程逐渐从实践经验中总结、归纳和提炼出了不同类型的方式和理论。最后，从腐败向廉洁的转型范式还为科学研究提供了可模仿的成功

---

① 任建明，马喆．廉洁政治：概念与目标［J］．理论与改革，2017（5）：10-19；庄德水．廉洁政治：内涵、结构与运行逻辑［J］．廉政文化研究，2013（3）：1-6；吴海红，齐卫平，庞程程．建设廉洁政治：中国共产党的探索及其启示［J］．治理研究，2022（2）：65-74.

② 何增科．廉能政治是更高目标［J］．廉政文化研究，2017（6）：91；何增科．廉能政治的四大标准［J］．廉政瞭望（上半月），2017（10）：45；雷青松．国家治理现代化视域下的廉能政治析论［J］．理论导刊，2020（6）：75-81.

③ 李雪勤．清廉中国——反腐败国家战略［M］．杭州：浙江人民出版社，2021；陈静，曾毅．论“清廉中国”成为国家战略之必要［J］．廉政学研究，2020（1）：43-62；曾毅．“清廉中国”成为国家战略的可行性与推进路径研究［D］．哈尔滨：黑龙江省社会科学院，2021；于琴．清廉中国视域下的公众廉洁话语建构——以中央纪委国家监委留言板发帖为例［J］．廉政学研究，2021（1）：84-99，237.

④ 2022 年中共中央办公厅印发的《关于加强新时代廉洁文化建设的意见》把廉洁文化建设纳入党风廉政建设和反腐败工作布局之中。

的先例。具体而言，世界各国的实践探索不乏成功的个案与模式，例如丹麦等北欧国家的“北欧模式”，以新加坡和中国香港为代表的“东亚模式”等。可见，廉政治理不仅是一种制度范畴或文化范畴下的反腐败活动，而且是一种经过不断实践形成和发展出的具有稳定规律性的整体性的转型模式。这种模式对于很多尚未实现清廉的国家或地区而言是具有借鉴意义的。

另一方面，“清廉转型”是一种探讨转型国家治理内涵的尝试。现代国家治理的核心是对权力的有效约束与规范。“清廉转型”表现为反腐败的具体实践行为，但又不仅仅局限于反腐败活动，它的内在机理是对权力的有效约束与规范。因此，“清廉转型”的内涵实际涵盖了现代国家治理的诉求与目标。廉政治理改革是实现现代治理的重要构成要素。从这个意义而言，这一概念实际亦表明了廉洁治理是现代国家治理的有机组成部分，对于此问题的深入探讨也反映出清廉转型的目标是提升治理能力，进而实现廉洁治理转型。

本书对于“清廉转型”概念的理解建立在从严重贪腐到高效廉洁的成功个案的深度解析之上。不同于对于廉洁机制建立和运行的静态制度层面的大量现有研究，本书通过历史制度主义视角重点考察和剖析了动态的转型过程。这个转型过程所强调的行动者的积极配合与博弈、正式制度与非正式制度的平衡支持、国家与社会的有效互动等要素都贯穿其中。由于注重的是从贪腐向廉洁的转型以及转型成功后的巩固，因此这些虽然曾经被挖掘过的要素实际却在新框架里被赋予了更丰富的内涵。

本书资料的获取和采集大部分源于笔者博士论文撰写期间。由于身处案例所在地，所以使得较为深入地获取到一手档案、文件和历史文献等成为可能；与此同时，由于当时笔者还进行了基于当地政治精英的问卷调查和深度访谈，这也使得本书对所探讨的“清廉转型”充满了丰富的“现场感”。

当然，这些数据提供了一个较为深入的个案观察，但真正对于“清廉转型”概念的思考与提出却源于对本土实践的追踪与观察。但不可否认的是，相较于复杂的现实，这些思考似乎又是远远不够的。因此，本书希望能起到抛砖引玉的作用，如有错漏之处希望读者批评指正！

目 录
CONTENTS

第一章

绪 论

世界范围内，腐败是普遍性的顽疾。“人人都知道腐败是什么，但要确切地定义它却非常困难。”① 关于腐败的研究，一直呈现多样性和复杂性。在学界，至今尚未有一个普遍适用于全世界的腐败定义。究其原因即在于“腐败是一种非常具有地方性的现象”②。也就是说腐败的地域特征非常明显，它总是与特定的政治环境、政治体制和文化习俗相联系。我们并不能简单地将腐败等同于个人的一种犯罪行为，腐败也不仅仅是经济问题，更是政治问题。③ 因此，在探讨任何从腐败向廉洁的成功之道时，实际都必须回归到对腐败的研究上，它是我们了解并探讨与之相关的一系列问题的起点。

一、腐败定义的复杂性④

腐败现象，古已有之，关于腐败的研究也源远流长。西方学界普遍认为，对于腐败的界定可以划分为“前现代社会科学时代”和“后现

---

① HALAYYA M. Corruption in India［M］. New Delhi：Affiliated East-West Press，1985.

② FRIEDRICH C J. Political Pathology［J］. The Political Quarterly，1966（37）.

③ SUSAN R-A. Corruption and Government：Causes，Consequences，and Reform［M］. Cambridge：Cambridge University Press，1999.

④ 李莉. 海外中国腐败研究文献述评［J］. 当代中国政治研究报告，2013（1）.

代社会科学时代”两个时期。[①]

（一）古典学派

前现代社会科学时代，自柏拉图以降，就开始对腐败有所关注。柏拉图在《理想国》中认为那些为部门利益所把持的政府都是一种腐败，因此他设计了理想国，在理想国中是没有腐败的。亚里士多德则在柏拉图的基础上将政体与腐败紧密联系起来论述。他在《政治学》中指明“这里存在三种政体，同时与之对应的是三种政体的变形，腐败就是这三种变形政体的原因所在”。[②]

显然，柏拉图与亚里士多德都将腐败与政体（国家形式）联系了起来。他们认为腐败是一种“违反、偏离”一定规则和形式的行为。但他们所强调的不是违反法律，而是违反统治者意愿的行为。[③]

在二者之后，马基雅维利、孟德斯鸠和卢梭则分别从个体的视角来看待和理解腐败。马基雅维利认为腐败是一种不断削弱和最终破坏个人品德的过程。因为，大部分人都是脆弱且缺乏好品质的人。因此，应对腐败的最好办法就是寻求英雄式的人物，令其担以领导之重任，从而带领民众远离腐败。[④] 孟德斯鸠则以罗马为例说明腐败可以使一个好政体

---

① ROBERT WILLIAMS. New Concepts for Old? [J]. The Third World Quarterly, 1999 (20).

② BECKER G S. Crime and Punishment: An Economic Approach [J]. Journal of Political Economy, 1968 (76).

③ FRIEDRICH C J. Corruption Concepts in Historical Perspective, in A. J. Heidenheimer and M. Johnston, (eds.), Political Corruption: Concepts and Contests [M]. New Brunswick: Transaction Publishers, 2002.

④ FRIEDRICH C J. Corruption Concepts in Historical Perspective, in A. J. Heidenheimer and M. Johnston, (eds.), Political Corruption: Concepts and Contests [M]. New Brunswick: Transaction Publishers, 2002.

变为一个坏政体，甚至走向毁灭。卢梭对于腐败的看法迥然有别于前人，他认为并非腐败之人破坏了政治体制，相反，是政治体制遭受腐败侵蚀后影响了个体。这一看法实际上反映出卢梭已经深刻认识到腐败的根源是与权力紧密相连的，政治腐败是权力斗争的产物。

从上述各家对于腐败的界定来看，其相似之处在于以下两点。其一，自柏拉图以降，腐败都被视为一种“恶”。这种“恶”一方面反映在个人道德失范上：是一种个人的品质败坏使然；另一方面则反映在政治体制上：是一种体制损坏、变形之结果。其二，腐败总是关乎政治的。这一点不论柏拉图还是卢梭都已经提及。在他们看来，腐败并不是个人生活层面的事件，它本身就涉及政治过程和政治体制。腐败的威力巨大，足以使政权易手、政体变质。

（二）现代学派

经典学派的观念集中在一个“恶”字上，表明腐败是一个道德层面的问题。这种道德视野与其特定的历史时代是紧密关联的。而进入现代社会科学时代之后，社会科学对于个体与社会的认识也发生了革命性的转变。具体而言，真正开始从现代社会科学角度进行腐败研究是 19 世纪晚期才开始的。①

从文献上看，涉及腐败定义的研究包括法律、公共利益、公职、市场、民意等多个视角。其中，有三种视角的定义主导西方学界达数年之久②，它们被学界引用得最为频繁，因此也可以被称为主流定义。

---

① ROBERT W. New Concepts for Old? [J]. The Third World Quarterly, 1999 (20).

② MARK P. Access, Accountability and Authority: Corruption and the Democratic Process [J]. Crime, Law & Social Change, 2001 (36).

1. 以公共职位为中心的定义

这个定义自20世纪60年代起被美国政治学学者奈（J. S. Nye）提出后，一直被视为腐败定义中的经典。

> 腐败是一种由于追求金钱、地位等私人（个人的、亲戚的、党派的）利益而偏离或违反公共角色的规范及规则的某类行为。①

奈的这个定义在他自己看来是一个相对比较窄的界定，他的目的就在于要使它能够具有操作意义。因此，该定义非常强调三个要素：公共角色、私人利益、偏离违反。但这个经典的定义还是被很多学者质疑。其中最受争议的就是奈定义中所谈到的“偏离或违反公共职责或规范”。人们认为其对于公共职责或规范的界定语焉不详。如果要强调腐败是一种偏离常规的行为，那么这种规范的标准从何而来？

其次，也有人对于如何界定私人利益提出质疑。加德纳就指出在奈的定义中虽然提到官员及其亲属收受了好处，但收受的好处给了谁却是一个含糊不清的问题。这个定义所引发的讨论为进一步明晰腐败尤其是公共职责和私人利益的区分提供了非常好的分析框架。在奈之后的很多学者都在这个框架之上进行了更为细致的讨论。其中，以公共利益为中心的第二种主流定义的提出，在一定程度上是为了弥补奈的定义中尚未涉及对腐败作用或后果的关注。

---

① NYE J S. Corruption and Political Development：A Cost-Benefit Analysis［J］. American Political Science Review，1967（61）.

2. 以公共利益为中心的定义

以公共利益为中心的定义不仅强调了腐败这一现象的本质，而且还特别关注了它的后果。[①] 其中，弗里德里希（Friedrich）提出的定义是这一类型的代表。

> 腐败是这样一种模式：即无论何时，只要当一个掌权者（例如他是一名政府官员）接受了非法所得并且投以回报，那么这种行为就损害了公众及其利益。[②]

以此定义可以推知，只要是违背了公共利益的行为都可以归为腐败。这表明了判断腐败的标准来自公共利益。如果说奈的定义还是涵盖比较窄的话，那么弗里德里希的这个定义就显然要宽泛很多了。然而由于过于宽泛[③]，这个定义更加模糊不清。例如，什么是公共利益，谁来界定公共利益？众多学者都认为公共利益的模糊不清使得腐败的界定很容易陷于一种仅仅对道德层面负面效应的关注，而非真正能够去界定它。再者，完全以公共利益为出发点来界定腐败，会与法律相冲突。例如损害了公共利益但没有违法的行为是否算作腐败，或者相反的情

① MICHAEL J. The Search for Definitions: The Vitality of Politics and the Issue of Corruption [J]. International Social Science Journal, 1996 (48).

② FRIEDRICH C J. Corruption Concepts in Historical Perspective, in A. J. Heidenheimer and M. Johnston, (eds.), Political Corruption: Concepts and Contests [M]. New Brunswick: Transaction Publishers, 2002.

③ HEIDENHEIMER A J. Perspective on the Perception of Corruption, In A. J., Heidenheimer, etal., eds., Political Corruption: A Handbook [M]. New Brunswick: Transaction Publishers, 1989.

况。[①] 最后，公共利益实际上与特定的政治体制和腐败形式密切相关，不同的国家在不同的历史时段都可能有不同的公共利益，因此很难进行具体的比较和实际操作。但无可否认，相对于公共权力在腐败中的滥用而言，公民个体自身的权利却更加值得关注。因此，从公共利益的视角对腐败进行界定是非常重要的。

3. 以市场为中心的定义

相对于前两个定义，以市场为中心的定义跳出了公共利益与私人利益、公权与私权的纠缠，而另辟蹊径地从市场的视角来分析和理解腐败。这一视角的代表是克拉韦伦（Van Klavern），其提出的定义如下。

> 一个腐败的官员视他的权力为一种商业行为，他寻求个人收入的最大化。这个公职随即变成一个利益最大化单位。他的收入总额取决于市场形势和他个人在寻求利益最大化上的天赋和才能。[②]

以市场为中心的视角把腐败问题从政治权力的滥用转移到了个体的行为动机上，按照阿克曼（Rose-Ackerman）的话就是“如果说各国的历史、文化、政体都千差万别的话，那么唯有作为人的行为动机是具有普世性的”[③]。

但是从这一视角出发下的定义依然存在不少争议。首先，这个定义

---

① JOHN G. Defining Corruption［J］. Corruption and Reform, 1993（7）.

② HEIDENHEIMER A J. Perspective on the Perception of Corruption, In A. J., Heidenheimer, etal., eds., Political Corruption: A Handbook［M］. New Brunswick: Transaction Publishers, 1989.

③ SUSAN R-A. Corruption and Government: Causes, Consequences, and Reform［M］. Cambridge: Cambridge University Press, 1999.

经常以道德中立者的姿态出现，但实际上它逃避了一些复杂且重要的问题，例如如何平衡普世和地方标准。其次，此定义中所指出的寻求收入最大化也存在含混之处。菲利普就指出并非所有的寻求收入最大化的行为都是腐败，追求收入的最大化要与公职人员所在的具体体制和环境中对其收入的界定相关联。① 最后，大部分学者都认为以市场为中心的定义更多的是对腐败的一种分析框架而非一种定义②。

从上述三种定义的梳理中可以看出，对于腐败的界定确实存在诸多争议。但异中有同的是，三种定义都是一种基于行为描述之上的定义，它们具体讨论了腐败这种行为的表现形式、参与要素、本质、动机以及后果等。因此，可以说现代社会科学对于腐败的定义已经从经典学派的个人道德论转向了对行为本身、行为过程的讨论。

通过对上述西方主流腐败定义的解读，我们可以看出腐败定义的变迁与西方政治学的发展是紧密联系的。因此，这些腐败的定义都是针对西方政治体制下出现的行为、现象所作的分析和概括。威廉姆斯就曾以奈的定义为例指出，其定义中对腐败行为的特征都是按照西方社会的标准来描述的，而这些标准对于大多数发展中国家而言是非常片面的。③

那么，上述概念对于中国是否适用呢？首先，中国的腐败定义并不能照搬西方已有的定义。不能照搬的原因除了西方学者的定义存在一定的偏见（如以西方的标准界定行为特征）外，更为重要的一点还在于对

① MARK P. Access, Accountability and Authority: Corruption and the Democratic Process [J]. Crime, Law & Social Change, 2001 (36).

② MICHAEL J. The Search for Definitions: The Vitality of Politics and the Issue of Corruption [J]. International Social Science Journal, 1996 (48).

③ ROBERT W. New Concepts for Old? [J]. The Third World Quarterly, 1999 (20).

于腐败的分析和理解必须与政治体制、政治过程紧密相连。①

上述这三种主流定义都是西方民主政治体制较为发达的国家的学者提出的，他们讨论的对象是稳定的、已解决了重大政治命题的社会中出现的腐败现象，而对于像中国这样的转型国家，我们更需要关注政治冲突变化如何塑造和影响腐败的定义。②

具体而言，对于中国腐败的定义至今也未形成统一的共识。③ 除了吸收和借鉴西方定义中所强调的公权私用以外，中国腐败的定义更多地掺杂了独特的文化要素和转型体制的特点，在这种状况下中国腐败的定义更加具有模糊性。④

目前中国贪腐研究虽然没有统一的定义界定，但其大体上可以分为两种类型⑤：一种是广义范畴下的定义；另一种是狭义范畴下的定义。

就广泛的定义而言，中国腐败研究并不仅仅局限于犯罪问题。⑥ 腐败还意味着道德堕落、个人生活作风腐化、违反党纪等问题，例如自私自利、金钱崇拜、官僚作风、享乐主义、挪用公款、受贿、徇私舞弊、牺牲群众利益等。除了这些官方的界定之外，还有从公众舆论的视角进

① MARK P. Access, Accountability and Authority: Corruption and the Democratic Process [J]. Crime, Law & Social Change, 2001 (36).

② MICHAEL J. The Search for Definitions: The Vitality of Politics and the Issue of Corruption [J]. International Social Science Journal, 1996 (48).

③ 腐败定义的模糊性是学者进行中国腐败问题研究时较为棘手的问题。公婷教授曾在第五届澳门公共行政会议上谈论过这个问题。

④ SUN Y. The politics of conceptualizing corruption in reform China [J]. Crime Law and Social Change, 2001 (35).

⑤ SUN Y. The politics of conceptualizing corruption in reform China [J]. Crime Law and Social Change, 2001 (35).

⑥ OLIVIA Yu. Corruption in China's Economic Reform: A Review of Recent Observations and Explanations [J]. Crime Law & Social Change, 2008 (50).

行的界定。其中较有代表性的是黑登海姆（Heidenheimer）的观点，即中国目前存在的大多数腐败都是灰色腐败（grey corruption）或白色腐败（white corruption），例如收红包、走后门等。

上述这些从不同视角所进行的界定，具体又被概括为两类。一是非典型性腐败（non-typical corruption）：那些被官方界定的违反纪律条例的行为，它们的危害相对并不严重，在官方术语中可以被称为“不正之风”。而另一方面；所谓的典型性腐败（typical corruption）则涉及大量金钱利益，因而具有重大的社会意义，通常也会依照刑法规定予以判罚。①

另一种类型是较为狭义的定义。总的来说，一些持自由主义观点的法律学者和知识分子更倾向于这种类型的定义。该种类型的定义将腐败局限于对公权或公职的滥用上。② 实际上，这种类型的定义与奈的定义一脉相承，强调公权私用。然而，这种类型的定义对于中国是否适用一直受到质疑，因为在当下中国，公私领域的划分还较为模糊。③ 例如，在中国，所谓的公共职位界定非常之宽，它既包括各个级别的政府官员，还包括政府行政控制下的国有机构和企业，④ 这都使得中国的腐败定义在实际操作中面临种种模糊不清的困难。

---

① ZHU Q W. Reorientation and Prospect of China´s Combat against Corruption［J］. Crime Law & Social Change, 2008（49）.

② YAN S. The Politics of Conceptualizing Corruption in Reform China Crime［J］. Law & social Change, 2001（35）.

③ MICHAEL J, HAO Y f. China´s Surge of Corruption［J］. Journal of Democracy, 1995（6）. Sun, Y. The politics of conceptualizing corruption in reform China［J］. Crime Law and Social Change, 2001（35）. Lu, X. B. Cadres and Corruption: The Organizational Involution of the Chinese Communist Party［M］. Stanford: Stanford University Press, 2000.

④ SUN Y. The politics of conceptualizing corruption in reform China［J］. Crime Law and Social Change, 2001（35）.

因此，对于上述定义中所强调的公共利益与私人利益的划分等概念，我们在讨论中国腐败问题的时候就要特别注意。中国自改革开放以来，虽然国家与社会的界限在不断明晰，但完全意义上的市民社会却并未出现，因此公私领域的界限非常模糊，如照搬西方的定义，就很难理解中国的腐败现象了。

虽然对于什么是腐败至今尚未形成普遍共识，但这并未影响人们对于腐败成因所作的各种分析和解释。随着现代社会科学的发展，越来越多的理论框架和学科视角都被用来解释腐败现象。道德哲学强调个人自律的重要性；相比较道德哲学的主观性，法学则认为法律可以提供客观的他律性的规范和准则来判断和解释腐败。[①] 社会文化学则认为腐败与社会文化具有紧密的联系；[②] 经济学则致力于用微观层面的经济人假设，来分析动机和机会对于腐败的影响；政治学的视角注重探讨腐败与政治体制以及政府治理之间的关系；社会学领域中的犯罪学分支则强调将腐败犯罪行为视为一种特殊的白领犯罪行为。

总体而言，不同的研究视角带来了对腐败成因的不同解释。但从本质上而言，各个学科对于腐败之所以发生的解释无外乎内外两个要素的考虑，一是腐败发生的个人内在动机（incentive）；二是腐败发生的外部机会（opportunity）。正是在这样的共识上，人类对于腐败治理的探索一直不断向前。腐败治理的思路也在于诉诸对诱发腐败原因的有效抑

---

① ROBERT W. New Concepts for Old? [J]. The Third World Quarterly, 1999 (20).

② HOFSTEDE G. Culture and Organizations: Software of the Mind [M]. New York: McGraw Hill Company, 1991. Houston, H. R., J. L. Graham. Culture and Corruption in International Markets: Implications for Policy Makers and Manageers [J]. Consumption Markets and Culture, 2001 (4). Husted, B. W. Wealth, Culture, and Corruption [J]. Journal of International Business Studies, 1999 (30).

制。在这种探索中，一系列制度、策略、模式应运而生，一些国家或地区通过实践使得腐败被最大程度遏制，实现了从腐败向清廉的转型。

二、“清廉转型”的个案

各国在进行廉政治理的过程中，不乏成功的个案与模式。其一为以丹麦、挪威、芬兰等国家为代表的“北欧模式”；① 其二为以中国香港、新加坡为代表的“东亚模式”②。两种模式都有值得借鉴之处。然而，相较于北欧模式而言，东亚模式不仅在文化上更接近于中国内地，对其模式的学习更具有先天的亲近性外，还在于东亚模式中的中国香港、新加坡的廉洁成功都是转型后的成功，换言之，中国香港和新加坡都经历过非常严重的腐败。这种从腐败到廉洁的转型经验不但说明腐败是有可能寻求到解决之道的，更重要的在于能够帮助我们理解廉洁治理的动态性与过程性。因此，从这个视角而言，东亚模式更值得我们深入探讨和研究。

中国香港和新加坡都是东亚模式中的典型代表，他们今天的廉洁并非原生的，而是经过转型取得成功的，尤其以中国香港更为典型。当我

① 北欧国家一般指丹麦、挪威、瑞典、芬兰和冰岛五国。在学术界，对于“北欧模式”的最早概括来源于第二次世界大战以来，北欧国家的社会发展成就显著，这些国家也常常被看作是富裕和成功的代表，它们在人均 GDP 和全球竞争力等指数上的排名长期居于世界前列。这种独树一帜的发展模式被称之为“北欧模式”（Nordic Model）（张佳华，2013）。在本书中，这里引用“北欧模式”主要着眼于这些国家自 1995 年世界透明组织（TI）开始发布的清廉评价中就一直高居前几位且持续多年。这种现象也因此在腐败治理领域被称为“北欧模式”。

② 自 2003 年以来，国际透明组织的排名显示，新加坡不仅是亚洲最清廉的国家，而且一直都是世界上最清廉的五个国家之一（Transparency International，2013）；中国香港的清廉指数排名也非常靠前且长期稳定，因此，对于以中国香港和新加坡为代表的这种腐败治理的现象称为“东亚模式”。

们追溯中国香港的历史时不难发现，中国香港也曾经历过腐败肆虐的时期。20 世纪 60 年代到 70 年代是中国香港历史上腐败最为严重的时期。从腐败到廉洁，这个巨大的转型背后是什么因素起到了关键作用成为学界一直探讨的话题。众多研究都已表明，于 1974 年创立的廉政公署（ICAC）是中国香港肃贪历史上最为重要的分水岭，中国香港肃贪经验的成功都归功于廉政公署这个独立的肃贪机构。然而，当我们回顾历史却发现，中国香港的肃贪成功并不能仅仅源于廉政公署，除此之外，还有更多的要素促成了中国香港肃贪大转型的成功落实。中国香港的成功之道被总结为领导人的坚定决心和意志①、自由媒体的监督②、零容忍的市民文化③、独立的司法制度④、规模较小的城市国家⑤、充分的人力和财力支持⑥等要素。这些被总结出的成功经验像标签一样，成为中国香港廉洁的代名词。然而，这些所总结出的成功要素在被仿效和借鉴时

① QUAH J S. Comparing Anti-corruption Measures in Asian Countries: Lessons to be Learnt [M]. Pagesetters Services PTE Limited, 1999. Yep, R. The Crusade against Corruption in Hong Kong in the 1970s: Governor MacLehose as a Zealous Reformer or Reluctant Hero? [J]. China Information, 2013 (27).

② LO T W. Hong Kong: Minimizing crime and corruption [J]. Trends in Organized Crime, 1999 (4).

③ GONG T, WANG S. Indicators and implications of zero tolerance of corruption: The case of Hong Kong [J]. Social Indicators Research, 2013 (113).

④ LEE R P. Corruption and its control in Hong Kong: Situations up to the late Seventies [M]. Hong Kong: Chinese University Press, 1981.

⑤ QUAH J S. Anti-corruption Agencies in Four Asian Countries: A Comparative Analysis [J]. Research in Public Policy Analysis and Management, 2008 (17).

⑥ WONG J K. The ICAC and its anti-corruption measures, In Lee, R. P., ed. Corruption and its control in Hong Kong: Situations up to the late seventies [M]. Hong Kong: Chinese University Press, 1981: 45-72.

却并非万能药方。[①] 在解释失败的原因时，中国香港作为城市的独特性，例如人口、土地等被一再强调，说明其经验复制的挑战性与复杂性。然而，对于众多依然未能有效治理腐败的国家而言，除了明晰中国香港的独特性不可复制之外，还是否应该挖掘出其他一些原因呢？中国香港从贪腐到廉洁的转变，绝非上述总结出的经验那么简单。

梳理历史会发现，实际上中国香港的转型之路也是从效仿新加坡开始的。新加坡早年也曾经是英国的殖民地，腐败在当时俨然已经成了新加坡人的一种生活方式。[②] 此外，新加坡人口、种族群体以及宗教的多样性也大大增加了政府惩治腐败的难度。[③] 1952 年 10 月，由于新加坡警察部队自身腐败猖獗以及反贪污局的失败，英国殖民政府成立了独立于新加坡警察部队的“贪污调查局”。然而，即使在贪污调查局内部依然腐败猖獗。多年后，借助预防腐败法，人民行动党领导的政府持续而显著地强化了反贪局的独立性、权力和资源。[④]

中国香港对于腐败治理的思路和方法都借鉴于新加坡，因此，二者在很多方面是有共性的，例如二者都是成功地从腐败转型为廉洁，成功的经验都强调反腐败机构的专业性、独立性，强调廉洁文化的重要性

① SAMPSON S. Integrity warriors：Global morality and the anti－corruption movement ，In Haller，D. ，Shore，C. （Ed.）Corruption anthropological perspectives［M］. London：Ann Arbor，MI：Pluto，2005 ：103－130.

② QUAH J S. Anti－corruption Agencies in Four Asian Countries：A Comparative Analysis［J］. Research in Public Policy Analysis and Management，2008（17）.

③ 于文轩，吴进进．反腐败政策的奇迹：新加坡经验及对中国的启示［J］．公共行政评论，2014（5）：131－154.

④ 于文轩，吴进进．反腐败政策的奇迹：新加坡经验及对中国的启示［J］．公共行政评论，2014（5）：131－154.

等。基于中国香港和新加坡的个案研究和比较研究也非常丰富①，这都为学习和借鉴经验奠定了基础。然而，在不断深入的学习过程中，我们不仅要着眼于上述这些被总结出来的成功要素，更为重要的还在于要探究从贪腐到廉洁的转型过程。换言之，对于转型的经验的深入挖掘才有可能借鉴和复制。但关于这种清廉转型的过程梳理与经验挖掘的重要性却长期被忽略了。从这个意义而言，本书认为这些个案所揭示的廉洁成功的最为重要的价值在于探究如何从贪腐成功转型为廉洁的转型经验以及转型成功后的可持续发展的内在动力机制。

三、“清廉转型”概念的提出

目前，学界对于从贪腐转变为廉洁的原因解释主要有三种理论占据主导地位：一是现代化理论；二是合法性理论；三是历史制度主义理论。

（一）现代化理论

第一种视角来源于现代化理论的解释。

---

① BARDHAN P. Corruption and Development: A Review of Issues [J] . Journal of Economic Literature, 1997 (35) . BARR M D. Beyond Technocracy: The Culture of Elite Governance in Lee Hsien Loong's Singapore [J] . Asian Studies Review, 2006 (30) . BELLOWS T J. Meritocracy and the Singapore Political System [J] . Asian Journal of Political Science, 2009 (17) . BRINKERHOFF D W. Assessing Political Will for Anticorruption Efforts: An Analytic Framework [J] . Public Administration and Development, 2000 (20) . DOIG A. Good Government and Sustainable Anti - corruption Strategies: A Role for Independent Anti - corruption Agencies? [J] . Public Administration and Development, 1995 (15) . GONG T , WANG S. Indicators and Implications of Zero Tolerance of Corruption: The Case of Hong Kong [J] . Social Indicators Research, 2012 (112) . GONG T, WU A M. Does Increased Civil Service Pay Deter Corruption? Evidence from China [J] . Review of Public Personnel Administration, 2012 (32) .

这一视角认为从腐败到清廉转型的重要推动力在于现代化转型。按照亨廷顿的观点，社会转型时期必然会导致基本理念、财富和权力资源的变化，而这些变化会增大腐败产生的可能性。同时，对于这些国家而言，腐败是一种有效的润滑剂。① 大多数学者认为转型社会更易于腐败。② 而这些基于亨廷顿现代化理论之上的研究实际上都是直接将腐败的原因归结于转型社会必然带来腐败的因果假设逻辑中。然而，这种理论实际上更是一种对现象的概括和归纳。这其中的一个例证就是魏德曼（Andrew Wedeman）基于东亚国家的腐败研究。③ 他在观察日本、韩国、中国香港和新加坡这些国家和地区的发展经验后，发现它们在现代化的高速发展时期也分别出现了伴随而生的腐败现象。他将这种现象概括为"东亚悖论"（the East Asian Paradox）。但基于观察而来的"东亚悖论"仅仅局限于对一种特殊现象的描述和概括看，并非是一种具有解释力的理论。因此，当用这一理论概括来解释中国的腐败问题时，魏德曼只能说："对于我们在中国所观察到的腐败与经济增长并行的现象并非个案。它们也曾出现于东亚的一些国家，例如日本、韩国等。"但却无法真正解释这种现象背后的深层次原因，正如魏德曼自己所承认的，"为什么在高速发展的早期阶段经常会带有腐败的蔓延，以及腐败的加剧与

① SAMUEL P. Huntington, Political Order in Changing Societies [M]. New Haven: Yale U. Press, 1968.

② JOWITT K. New World Disorder: The Leninist Extinction [M]. California: University of California Press, 1992. Ostergaard, C. S. Peterson, C. Official Profiteering and The Tiananmen Square Demonstrations in China [J]. Corruption and Reform, 1991 (6).

③ ANDREW W. Great Disorder under Heaven: Endemic Corruption and Rapid Growth in Contemporary China [J]. The China Review, 2004 (2).

高速发展之间是一种什么样的关系，这些问题都已经超出了本项研究的范围”①。

另一方面，由于亨廷顿的现代化理论认为腐败仅仅是现代化转型过程中出现的现象，因此，它也促使很多官员和经济学家认为腐败是市场化改革的副产品，它将会随着时间的推移而减少。但与此相反的是，另外一个解释的路径就是探讨改革与腐败之间的关系。在后改革时期，许多研究关注的焦点都是改革与腐败之间的关系问题。其中，不少学者的研究都认为腐败与改革密切相关。但腐败与改革并不是简单的、直接的因果对应关系，其中有很多更为复杂的变量需要考量。正因为如此，腐败绝不可能随着市场化的深入而逐渐消逝。

现代化转型理论提供了一个看待现代化转型背景下的腐败成因的视角，虽然对于腐败成因并不能仅仅归于转型带来的变化，但这一视角却也指出，转型过程实际也带来新的机会，这种机会可以去旧除新，为建立新型的制度提供机会。其中，对于从制度层面创立新的变革来消除腐败也是在这个过程发生的。这里面虽然指出东亚国家的高速经济增长与腐败共存，但后续的研究也表明了，东亚国家也在现代化转型中开始对腐败进行治理，其中不乏成功的个案。

（二）合法性理论

第二种视角来源于合法性理论。

合法性（Legitimacy）是当代西方学术界研究的一个重要政治学概念，它也越来越引起我国学术界的关注。国外对合法性概念的解释大体

---

① 李辉．中国的腐败问题：海外学者的观察与思考（1980—2010）［J］．广州大学学报（社会科学版），2011（8）：11-20.

上可以分为经验主义和规范主义二元范式。经验主义范式是以韦伯为代表的合法性概念。韦伯说："一切经验表明，没有任何一种统治自愿的满足于仅仅以物质的动机或者仅仅以情绪的动机，或者仅仅以价值合乎理性的动机，作为其继续存在的机会。毋宁说，任何统治都企图唤起并维持对它的'合法性'的信仰[①]。"另一种是以哈贝马斯为代表的合法性概念的规范主义范式。哈贝马斯认为："合法性意味着某种政治秩序被认可的价值。"[②] 虽然二元范式对于合法性的界定不同，但学界普遍认为政治学上的"合法性"这一概念所表达的主要不是合乎法律的问题，而是强调社会成员对政治统治的心理认同。

前文在论述合法性概念时指出，合法性的基础可以有许多，但最重要的至少包括以下三个方面：一是意识形态基础，即从人们的认知、信仰、价值观等理念方面获得支持；二是规则基础，即政治权力的获得与运作遵循公认的程序与规则；三是有效性基础，即政治权力必须取得的实际成就。对合法性所需要的这种政绩支持，政治学上用"有效性"这一术语来概括。所谓有效性，就是指政治体系在大多数人民及利益团体中能满足政府基本功能的程度，就是政治统治的实际业绩[③]。也有学者认为这种有效性是善治的指标之一。"善治"体现了"一种统治的实质效果，作为一种终极需求的满足"[④]，善治内嵌着"有效性"与"廉洁性"两个指标。有效性侧重于治理绩效，廉洁性则侧重于治理德性，

---

① 韦伯．经济与社会（上卷）［M］．林荣远，译．北京：商务印书馆，1997：239.

② 哈贝马斯．交往与社会进化［M］．张博树，译．重庆：重庆出版社，1989：184.

③ 龙太江，王邦佐．经济增长与合法性的"政绩困局"——兼论中国政治的合法性基础［J］．复旦学报（社会科学版），2005（3）：169-175.

④ 李普塞特．政治人——政治的社会基础［M］．张绍宗，译．上海：上海人民出版社，1997：55.

集中表现为廉洁度、公信度、满意度等。① 由此，实际就将合法性的内涵拓展到了与腐败治理相关的廉洁性。

另一个路径的研究不同于上述主流学科的思路，他们将腐败视为社会整体中的一部分来看待，即将腐败的观察拓展至与社会其他要素之间的关系中来探讨。英国社会犯罪学者萨姆纳（Sumner）结合葛兰西的文化霸权理论提出，任何社会越轨行为或犯罪行为经过社会谴责之后都会产生化解合法性危机的功能。② 学者卢铁荣教授运用上述社会犯罪学理论成功解释了英国统治香港时期，英国殖民者如何通过对集团式腐败的谴责和治理成功化解了当时的统治合法性危机。这个过程借助的正是葛兰西霸权理论中所强调的两种手段：强制性手段（廉政公署）和意识形态工具（法治和廉洁）促成了民意的认同。③

上述梳理表明，虽然分析的路径不同，但学者们取得共识之处在于都认为腐败治理可以为政府进行有效的合法性构建提供重要的支持，尤其在面临从腐败向清廉的转型过程中，基于合法性层面进行的考量更是重要且必要的。

（三）历史制度主义理论

第三种视角聚焦于历史制度主义。

历史制度主义（historical institutionalism）始于20世纪90年代。作为新制度主义政治学的一种主流研究路径，历史制度主义的发展得益于

① 江国华．国家监察权力运行及其监督机制研究［M］．北京：中国政法大学出版社，2020.

② SUMNER C. Censure, politics and criminal Justice［M］. Philadelphia: Open University Press, 1990.

③ LO T W. Corruption and politics in Hong Kong and China［M］. Buckingham: Open University Press, 1993.

对旧制度主义、行为主义、集团理论和结构功能主义观点的部分借鉴与批判。①

旧制度主义以制度分析为核心，将正式政治制度作为主要分析对象，重点关注案例中的规范性因素，从而为历史制度主义的发展奠定了基础。在行为主义研究看来，要实现政治学研究的科学化，必须在遵循实证主义原则的前提下，以行动者个体为研究对象，运用精确化的研究方法，提炼出一套具有普遍意义的政治学理论。在对行为主义研究偏离政治现实、分析视野囿于微观层面等不足进行反思的同时，历史制度主义重视非正式制度因素，且引入动态分析视角，因而具有一定的合理性。历史制度主义认同以利益集团为代表的行动者的重要性，并进一步寻求对由利益集团间竞争造成的差异化政治后果的解释；另一方面，历史制度主义在吸纳结构主义理论成分的基础上，强调组织制度或政治、经济结构是集体行为塑造、政治结果呈现过程中的关键变量。②

根据对“制度的重大变迁源于外部冲击还是内部冲击”的不同回答，可以将历史制度主义粗略划分为“间断均衡论”和“渐进变迁论”两条研究进路。传统意义上的历史制度主义秉持“间断均衡论”观点，将现存制度状况与先前阶段中的制度结构、外部环境、历史事件等历史因素进行联结。对复杂制度的动态特征的强调开始让部分历史制度主义研究逐渐转向渐进制度变迁论。③“渐进变迁论”指出，制度产生本质

① 彭琪，刘伟．政治学中的历史之辨——历史制度主义与历史政治学的比较［J］．文史哲，2022（2）：154-164，168.

② 何俊志，杨季星．社会中心论、国家中心论与制度中心论———当代西方政治科学的视角转换［J］．天津社会科学，2003（2）：64-68.

③ 彭琪，刘伟．政治学中的历史之辨——历史制度主义与历史政治学的比较［J］．文史哲，2022（2）：154-164，168.

性变化的根源是制度内部渐进变化的缓慢过程而不是“单一的历史断裂点”①。

基于该视角，学者们认为，一些国家或地区通过渐进变迁的制度变革，从而实现了贪腐到廉洁的转型。其中，以中国香港为例，该视角认为中国香港从贪腐转向廉洁，并非一蹴而就的，而是源自一系列历史变革，肃贪的成功是制度渐变的过程，也是依靠路径依赖得以制度确立的过程。

上述这些视角在一定程度上回答了从贪腐转型为廉洁的原因，但遗憾的是，对于转型过程的梳理与分析依然缺乏充分而深入的勾勒与探讨。一方面，虽然有些视角展现了一定的历史过程中的细节，但缺乏理论上的提炼与讨论；另一方面，上述这些分析中所探讨的仅仅是从贪腐向廉洁转变的影响因素呈现的碎片化特征，并未能凝练出一种整体性的总结。基于此，本书认为从贪腐肆虐到廉洁高效的转型不仅仅是反腐败机构所促成的，更为重要的是一种基于现代治理理念之上的治理转型范式的发生机制。

具体而言，本书将其提炼总结为“清廉转型”。这里的“清廉转型”概念与转型国家的含义并不完全相同。一般意义上的转型是指某个国家或地区在政治、经济、文化等领域由一种发展模式向另一种不同发展模式转变的过程。② 不可否认，转型时期国家治理政策选择与清廉社会构建是紧密相关的。但本文此处借用“转型”概念所要强调的是

① 菲奥雷托斯，费勒提、谢因盖特，等．政治学中的历史制度主义［J］．国外理论动态，2020（2）：112-126.

② 罗时文，韩献栋．转型国家的社会分化与政治稳定［J］．学习与探索，2013（7）：52-57.

一个国家或地区就其腐败治理的制度、策略以及相关配套所进行的改革的过程。具体而言，这一概念包含以下三个方面的内涵。

第一，“清廉转型”包括如何转型及转型后的可持续发展两个层面。

其一，如何转型？这是指从贪腐向廉洁的转型，表明了转型的动态性与过程性特征。相较于以往对于个案的挖掘，“清廉转型”概念更注重探究以下问题：从贪腐向廉洁的转型过程是如何发生的？这个过程中涉及的主体是如何有效地展开行动的？在这个转型的过程中，正式制度的建立与执行是如何完成的？非正式制度的作用机制是如何发挥的？

其二，转型后如何可持续？这是“清廉转型”概念的第二层含义，具体表明了从贪腐向清廉转型的阶段性特征。从上述对个案经验的总结来看，没有文献将从贪腐到清廉的转型过程看作一个可持续发展的过程。已有的研究即使进行了历史阶段性划分和研究，但实际上并未把转型之后如何维持和巩固这种清廉的结果作为转型的题中之义。本书认为，“清廉转型”的意义就在于它不仅是完成了从贪腐向清廉的转型，还完成了在清廉之后如何有效巩固和可持续发展的任务。这两个阶段应该被视为一个有机的整体，否则很难真正探究到廉洁治理的精髓要义。

第二，“清廉转型”指一种特殊的廉政治理范式。

著名科学哲学家托马斯·库恩（Thomas Kuhn）认为范式从本质上讲是一种理论体系。库恩指出：“按既定的用法，范式就是一种公认的模型或模式。”[①] 范式的特点是：①范式在一定程度内具有公认性；②

---

① 库恩．科学革命的结构［M］．金吾伦，胡新和，译．北京：北京大学出版社，2012：23.

范式是一个由基本定律、理论、应用以及相关的仪器设备等构成的一个整体，它的存在给科学家提供了一个研究纲领；③范式还为科学研究提供了可模仿的成功的先例。

在这里，本书引用库恩的范式概念中核心的理念，即它在一定程度上是由具有基本定律、理论等构成的一个整体。本书所提炼出的“清廉转型”概念正是针对所进行的廉洁治理的归纳与提炼，但实际上也是对这一独特的廉政治理范式的定义。“清廉转型”所指的廉政治理范式首先表明了世界范围内，从贪腐向廉洁的转型是现代国家普遍实践的治理过程。这一转型过程本质上是人类社会追求善治的终极价值的体现。其次，“清廉转型”所指的廉政治理范式还表明了人类社会在探索从腐败向廉洁转型的过程，实际是探寻善治模式的过程。这一过程逐渐从实践经验中总结、归纳和提炼出了不同类型的方式和理论。这也正是本书在前文提到的基于腐败所发展出来的丰富的学术成果。最后，从腐败向廉洁的转型范式还为科学研究提供了可模仿的成功的先例。具体而言，世界各国的实践探索不乏成功的个案与模式，例如以丹麦等北欧国家的“北欧模式”，以新加坡和中国香港为代表的“东亚模式”等。可见，廉政治理不仅仅是一种制度范畴或文化范畴下的反腐败活动，而且是一种经过实践不断形成和发展出的具有稳定规律性的整体性的转型模式。这种模式对于很多尚未实现清廉的国家或地区而言是具有借鉴意义的。

第三，“清廉转型”是立基于现代国家治理理念基础之上的治理转型。

现代国家治理的核心是对权力的有效约束与规范。“清廉转型”表现为反腐败的具体实践行为，但又不仅仅局限于反腐败活动，它的内在机理是对权力的有效约束与规范。因此，“清廉转型”的内涵实际涵盖了现代国家治理的诉求与目标。较为具有代表性的中国香港个案也表明了20世纪70年代香港推动的反腐败改革实际上是在针对香港社会进行整体性地“一揽子”治理的方案中的其中一项内容。换言之，廉政治理改革是实现现代治理的重要构成要素。

因此，本书界定的“清廉转型”概念亦表明了廉洁治理是现代国家治理的有机组成部分，对于此问题的深入探讨也反映出清廉转型的目标是提升治理能力，进而实现廉洁治理转型。

四、“清廉转型”：最值得学习什么？

围绕“清廉转型”的成功个案，本书将要呈现的是“清廉转型”这一概念的内涵及其作为一种转型范式所呈现的三个特征。那么，作为值得借鉴的治理经验，清廉转型最值得学习什么呢？本书的分析表明了，基于如何转型与如何巩固两个问题的回答正是“清廉转型”最值得挖掘的内容。

（一）如何转型：从腐败转向廉洁

本书首先将具体回答如何转型这个问题。从腐败转向廉洁的过程中，本书在历史发展的脉络中又嵌入了对于制度建立与发展变迁的逻辑主线，从而进一步提炼出廉洁价值观的构建以及公民参与这些配套制度的考察。

通过上述两条主线的梳理与分析，本书基于如何转型这个问题进行了探讨，这个阶段所展现的“清廉转型”的成功源于以下发现。

其一，我们的分析可以看出廉洁改革并非一帆风顺，而是困难和阻力重重的。这个过程中，不同行动者对于这项改革政策的推进与落实都显示出不同的特征。他们的彼此博弈也使得这个政策的进程充满了复杂性与挑战性。具体而言，这包含以下两个层面。首先，从腐败到廉洁的改革之所以取得成功，还在于其较好地解决了腐败存量的问题。例如中国香港通过对集团式腐败的警察系统进行“特赦”来解决历史性腐败问题，为新制度与新政策的实行减少了阻力。改革的过程所面临的最大威胁来自利益受损者的阻力。因此，“清廉转型”的成功源于与利益受损者的博弈之后所采取的特殊手段，从而对存量问题予以有效解决。

其次，运用国家与社会的双重力量进行反腐。从对个案的深入分析可以发现，从腐败到廉洁的改革过程中，行动者呈现出多元特征，其中不乏政治领袖，也包括利益受损者，还有社会民众。这一多元主体融入的改革过程实际上反映出反腐败模式是一种集国家中心主义与社会中心主义于一身的双重反腐模式。

其二，社会的廉洁文化发挥重要作用。在治理腐败过程中，正式制度的建设是必不可少的，它能保证稳定性与持续性；另一方面，与正式制度相配套的一系列非正式制度，例如民众的廉洁文化、观念等也需要与之对应。否则，制度的落实就有可能遭遇瓶颈。腐败治理机构作为重要的制度载体，其能否有效地落实制度，有赖于民众的观念支持。例如中国香港个案表明，中国香港依靠媒体对廉政公署的形象建构，成功对腐败进行了谴责并建构了一套“廉洁”的价值观：“腐败是一种个人的非理性行为，是一种道德缺失，因此政府应当进行有力地谴责与打击。”[①] 这套廉洁的价值观成为中国香港重要的象征性资源。因此，这是中国香港社会能够长期保持廉洁的重要的社会文化基础。

其三，积极有序的社会参与是有效的保障。普通民众参与反腐败拥有较为合理的途径。具体而言，该途径分为两种：首先是公众具有合法且制度化的举报渠道。例如中国香港廉政公署的统计数字显示出市民在举报贪污上不仅可以有通道而且有实名保护制度，这使得全社会都能够形成举报的良性循环。其次，公众有合法参与表达不满的制度渠道。公众都能够通过合法的、有序的方式表达意见，参与监督公共权力。基于社会中心主义的腐败治理提供了一条社会监督公共权力的路径，因而使得这种体外监督更加具有生命力和持久性。

（二）如何巩固：廉洁的可持续性

“清廉转型”内涵的第二层含义就是强调转型之后如何巩固。这一点也恰恰是已有研究忽视的内容。贪腐行为具有极强的隐蔽性，腐败治理的困难在于如何能够有效识别、发现，进而能够有效惩处。同时，贪腐行为亦具有鲜明的文化性与社会性。因此，仅仅依靠惩处的手段并不一定能够完全消除腐败存在的土壤。只有在制度与文化双重意义上进行“清廉转型”才有可能实现转型成功。然而，转型之后如何使得廉洁继续从制度和文化层面进行有效的维持和巩固这是更加艰难的。

首先，不断应对新型腐败问题，寻求新的反腐败策略是维持和巩固清廉转型成果的重要保障。随着社会环境的不断变化，科学技术的日益

---

① LO T W. Corruption and politics in Hong Kong and China [M]. Buckingham: Open University Press, 1993.

更新，腐败发生的环境发生了变化，腐败发生的形式也更加隐蔽，面对这些新的变化，为了更加有效巩固“清廉转型”的成果，需要不断更新腐败治理的手段、方法、技术和策略等，从而能够应对新挑战和新困难。

其次，廉洁成果的巩固与维系还需要制度不断更新与发展。本书的研究表明廉洁的成功经验并不能仅仅着眼于专业的反腐败机构，还应更多地关注于与它紧密相关的其他要素。廉洁成果的巩固与维系实际是将腐败治理置于一个可持续发展的脉络中。腐败是人类社会顽疾，任何国家或地区都不能消除，但可以遏制。但这种遏制并非一劳永逸，而是不断在应对新的腐败形式和挑战中螺旋式上升的。这个过程，反腐败取得转型成功所依靠的各种要素都需要在这种持续发展过程中继续合力发挥作用。这也是廉洁成果巩固的重要支持性条件。

（三）对于中国廉政治理的借鉴

本书提出“清廉转型”概念，并通过对已有成功转型个案的深入分析予以阐明腐败治理不仅仅是第一阶段意义上的从腐败到清廉的转型，而且更重要的还在于转型成功之后如何能够有效巩固与可持续发展。对于个案的比较、提炼与总结所形成的这一概念对于我国正在进行的“反腐新政”具有重要借鉴意义。

十八大以来，在习近平总书记的全面领导下，以清除腐败贪污、建立清明政治为核心的施政举措及其所体现的时代意义、所包含的理论认知、所发展的实践创新、所尝试的制度建设都可被视为“反腐新政”的体现。新时代反腐败工作的策略也不断深化，呈现出较为明显的阶段性特征。自 2013 年 1 月习近平总书记在十八届中央纪委二次全会上强调反腐败斗争形势“依然严峻”，并于3个月之后在中央政治局常委会研究巡视工作五年规划时，进一步深化指出反腐败斗争形势“依然严峻复杂”，再到2016年“依然严峻复杂”，再到在十八届中央纪委七次全会上，中共中央总书记习近平指出，经过全党共同努力，腐败蔓延势头得到有效遏制，反腐败斗争压倒性态势已经形成，不敢腐的目标初步实现，不能腐的制度日益完善，不想腐的堤坝正在构筑，党内政治生活呈现新的气象。再到2018年12月13日召开的中央政治局会议指出：“反腐败斗争取得压倒性胜利，全面从严治党取得重大成果。”习近平总书记在2021年1月召开的中央纪委五次全会上对当前反腐败斗争作出重大判断：“取得压倒性胜利并全面巩固。”党中央对反腐败斗争形势判断的字词之变都显示出党和国家反腐败工作正在经历从严重腐败到高效廉洁的转型。从这个意义而言，这与本书提出的“清廉转型”概念具有内在逻辑的高度契合性。作为一个转型国家，作为一个正在进行腐败治理的国家，我们面临的问题实际也是两方面的，首先在于能够有效完成从腐败到清廉的治理转型，真正实现去除存量、减少增量；其次，在实现反腐败压倒性胜利、取得清廉成果的同时，还需要着眼于可持续性的巩固成果问题。换言之，清廉转型的双重内涵与反腐败永远在路上的内在理念逻辑是对应的。

具体而言，本书认为基于个案比较研究之上的“清廉转型”之于中国反腐败的借鉴有如下四个方面：

首先，“清廉转型”意味着动态且可持续性的腐败治理理念。“反腐败永远在路上。”习近平总书记在十九届中央纪委六次全会上发表重要讲话指出，“我们要保持清醒头脑，永远吹冲锋号，牢记反腐败永远在路上。只要存在腐败问题产生的土壤和条件，腐败现象就不会根除，我们的反腐败斗争也就不可能停歇。”这实际反映出党和国家对于反腐败的认识是本质性的，即腐败不可能消除，反腐败的任务是最大限度地遏制，但这个过程却是不断持续的。这种基于动态理念下的反腐败政策理念实际与已有清廉转型成功的国家和地区是具有高度的共识的。

其次，“清廉转型”需要依赖积极的行动者合力支持。反腐败作为一项长期性的治理任务，依赖于积极的行动者之间有效的互动与支持。党的十八大以来所进行的反腐新政，坚持中国共产党对反腐败工作的领导，实际体现的就是核心行动者的关键作用。2019 年 10 月，中国共产党十九届四中全会提出，坚持和完善党和国家监督体系，强化对权力运行的制约和监督。党的十九届六中全会通过的《中共中央关于党的百年奋斗重大成就和历史经验的决议》，对党的十八大以来以习近平同志为核心的党中央深化纪检监察体制改革、完善党和国家监督体系工作作出全面总结。党领导完善党和国家监督体系，推动设立国家监察委员会和地方各级监察委员会，构建巡视巡察上下联动格局，构建以党内监督为主导、各类监督贯通协调的机制，加强对权力运行的制约和监督。随着健全党和国家监督体系进入系统集成、协同高效的新阶段，纪律监督、监察监督、派驻监督、巡视监督“四项监督”的关联性、互动性明显增强。中央纪委国家监委制定关于进一步加强纪律监督、监察监督、派驻监督、巡视监督统筹衔接的意见，推动“四项监督”在决策部署指挥、资源力量整合、措施手段运用上更加协同，构建上下贯通、左右衔接、内外联动的“一盘棋”监督格局。这些实际都是基于反腐败过程中多个行动者之间的积极互动和合作。

再次，“清廉转型”需要专业的反腐败机构作为制度支持与保障。国家监察体制改革之前，我国的反腐败机构较多。各反腐机构之间存在力量分散、边界不清，职能重叠、标准不一，缺乏规范高效的衔接配合等问题。这在一定程度上削弱了作为反腐败机构鲜明的权威象征功能。因此，整合分散的反腐败机构，建构一个统一的国家监察委员会，树立起鲜明、专业、集中的反腐败机构形象，从而提升反腐败机构应具有的权威象征功能，有利于赢得民心，促进反腐败工作的深入进行。从国家监察委员会的设置思路来看，如同十八届六中全会公报里面所说的，各级党委要支持各级人大、政府、监察机关、司法机关，依法履行对公务人员监督的职能。以后的监察机关就应该是与其他国家机关相平行、相对独立的行政机关。这实际上是将原来隶属于政府内的监察机关从政府部门中剥离出来，变成一个与政府部门相平行的更加独立的监督机关。对于反腐败机构而言，从隶属到独立，实际是将现有分散的机构整合，并减少层级，保障反腐败机构权力的集中性。无疑，这是有利于提高反腐败效能的。

最后，“清廉转型”有赖于民众作用的发挥。这实际包含两个层面的内容，一方面需要依靠民众的有序参与，为反腐败可持续提供动力机制。得民心者得天下，民心始终是我们党执政的政治根基。1945 年，黄炎培到延安考察，谈到“其兴也勃焉，其亡也忽焉”，称历朝历代都没能跳出兴亡周期律。毛泽东表示：“我们已经找到新路，我们能跳出这周期律。这条新路，就是民主。只有让人民来监督政府，政府才不敢松懈。只有人人起来负责，才不会人亡政息。”我们党执政 70 多年来，依靠群众路线，群众对党和党员干部的监督，对反腐败工作的支持和参与，保持了政党的清正廉洁。党的十八大以来，发动群众参与反腐败也取得了明显成效。近年来查办的很大一部分影响较大的违纪案件都来自群众举报。值得一提的是，在互联网时代，人人都是新媒体、人人都是麦克风，群众发现任何违纪违法问题线索，只要手机一拍、微信一发，立即就能上网曝光。微博、微信、论坛等各种平台成了网络监督、舆论监督的重要渠道，有调查显示，89%的网民都比较关注网络监督。因此，这表明反腐败工作的持续和深入发展需要不断依靠群众有序的参与。

另一方面，则需要依靠民众塑造廉洁观念，形成“零容忍”的社会文化，为正式的反腐败制度的有效落实提供配套。中国共产党第十八届中央纪律检查委员会第三次全体会议上习近平指出，坚决反对腐败，防止党在长期执政条件下腐化变质，是我们必须抓好的重大政治任务。反腐败高压态势必须继续保持，坚持以零容忍态度惩治腐败。对腐败分子，发现一个就要坚决查处一个。要抓早抓小，有病就马上治，发现问题就及时处理，不能养痈遗患。可见，零容忍既是党和国家领导反腐败工作的坚定态度和决心的彰显，也是基于社会层面要营造反对腐败的社会文化和观念。零容忍的廉洁文化和观念的塑造和形成不仅仅需要党和国家的制度推行，更需要民众价值观的养成。

第二章

转型：行动者中心视角下的审视

从腐败到廉洁的惊险的一跃为什么可以完成？这是我们对于成功案例之所以成功的追问。围绕这一追问，更多深入的细节还需考究。例如，在这个转变的过程中，都有哪些值得我们深究并予以关注的决策细节？反腐败相关制度（政策）是如何推行的？推行的过程中是否受到了阻力？在这个过程中发生了什么？政策或变革最终是如何落实成功的？为此，我们将聚焦于这些问题，通过行动者中心的制度主义理论深入解释廉洁改革政策的推行过程。

一、行动者中心的制度主义

自20世纪80年代以来，新制度主义开始广泛应用于经济学、政治学、法学、社会学等领域中。由于众多学科都有自己的视角，因此新制度主义至今尚未形成统一的概念。其中较为著名的有历史制度主义、社会制度主义、经济制度主义等。

作为一种以整体主义为取向、以制度为核心变量的政治学研究，历史制度主义大多从宏观、中观层面出发，对制度与政治行动者之间的互动进行探讨，试图弥合结构与能动性之间的张力。无论是理性选择制度主义、社会学制度主义还是历史制度主义，新制度主义理论始终无法回避的一个问题是如何看待政治行动者与制度之间的关系①。新制度主义的解释视角多元，其中由德国学者弗里茨·沙普夫（Fritz W. Scharpf）和雷娜特·迈因茨（Renate Mayntz）率先提出，并由弗里茨·沙普夫系统阐述而发展成为重要的政策过程理论。行动者中心主义的新制度主义在解释政策的制定过程的复杂性方面吸引了很多关注。弗里茨·沙普夫指出，这个视角认为任何社会政治现象都可以看作是不同行动者互动的结果。在这个过程中，互动是结构化的。具体而言，"这一路径来自这一假设，社会现实可以被解释为有目的行动者互动的结果，这些行动者包括个人、集体和公司行动者，他们之间的互动在一个结构化环境中展开，并且互动结果是由他们所处的制度设置（Institutional Settings）所塑造的。"②

换言之，一项政策的出台和实施结果是该项政策涉及的多个行动者相互冲突、协调、磨合与博弈的复杂过程，在以多元化、分权化、利益化、均衡化为特征的社会系统或网络背景下，政策分析必须考察不同主体相互作用的方式与程度以及它们对管理目标的影响③。

实际上，这些影响与行动者的偏好和能力紧密相关。行动者中心制度主义直接探讨制度设置对于政策过程中互动过程及其模式（Modes of Interaction）的作用，进而对政策选择结果产生影响。制度可以有多种维度的解释，如认知、行为与规范，沙普夫则是从规范和规则层面理解

---

① 彭琪，刘伟．政治学中的历史之辨——历史制度主义与历史政治学的比较［J］．文史哲，2022（2）：154-164.

② 李文钊．行动者中心制度主义：探究政策过程中的互动效应［J］．广西师范大学学报（哲学社会科学版），2020，56（3）：19-42.

③ 匡莉，冯惠强，马远珠．推进乡村卫生组织一体化的障碍——基于行动者中心的制度主义分析［J］．中国卫生政策研究，2012，5（6）：37-42.

制度的，强调制度是对人类行为的激励和约束，它是对禁止、强制或允许人类行为的规定①。

这一政策过程被总结为如下模式：行动者中心的制度主义分析框架包括行动者、行动者格局、行动者互动模式以及制度环境四个要素。

其中制度环境包括正式的法规和社会规范。制度环境又被具体分为正式的规章制度和非正式条文。这些影响着政策过程中的行动者以及他们之间的互动模式。

行动者是指某一项政策所涉及的利益相关者。他们在政策变迁过程中对自身利益有明确认知，有维护自身利益的动机，进而可能采取行动实现自身利益。但是，行动者是否能付诸行动以及以什么样的方式维护自身利益，则受制于行动者所拥有的权威性、资金多少、行动合法性、掌握的信息和组织资源等。

互动模式的提出是沙普夫对博弈论的扩展，也是行动者中心制度主义最具有创新性的内容。行动者中心制度主义被称为互动取向的政策研究，其重点是对行动者互动模式的概念化，并且强调博弈论中对非合作博弈的研究只是互动模式的一种类型②。

由于没有任何一个行动者拥有所有必要的资源，不能完全决定政策结果，他们通过互动交换资源，达成妥协，完成政策的形成或实施过程。互动模式可呈现为单边、双边或多边行动、少数服从多数和下级服从上级等四种模式。

---

① 李文钊．论作为认知、行为与规范的制度［J］．公共管理与政策评论，2017（2）：3-18.

② 李文钊．行动者中心制度主义：探究政策过程中的互动效应［J］．广西师范大学学报（哲学社会科学版），2020，56（3）：19-42.

这一框架对于理解一个国家或地区的政策转变提供了有意义的视角。从腐败到廉洁的转变过程中，各个行动主体是如何参与政策过程的？行动者格局是如何构建的？互动模式是如何开展的？在这种互动过程中，制度环境又是如何影响政策的转型发生的？这些都成为值得探讨的问题。

二、个案：中国香港的“惊险一跃”

根据上述框架，本书选取了中国香港个案进行剖析。20 世纪 60 年代至 70 年代的中国香港，在廉政公署等一系列廉洁治理政策先后出台的过程中，充满了不同的利益相关者相互冲突、博弈。因此，通过梳理中国香港在 20 世纪 60 年代至 70 年代所进行的廉洁改革的过程，从制度环境、改革过程中涉及的行动者、行动者格局以及行动者模式予以深入分析（见图 2–1），有利于我们理解香港从贪腐到廉洁这个转变过程中的复杂的变化。

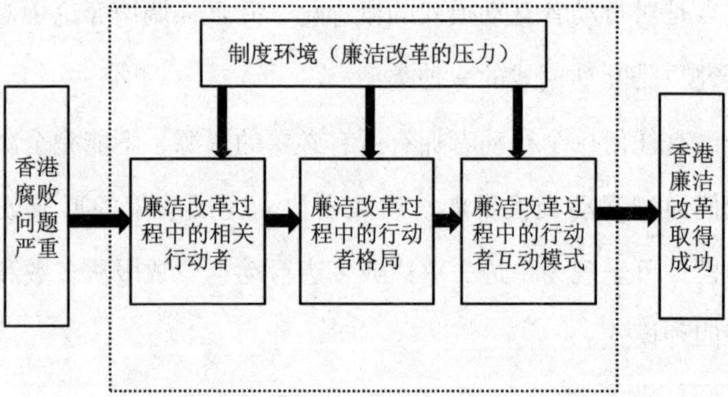

图 2–1　廉洁改革的行动者中心主义的制度框架

（一）制度环境

中国香港自 1840 年以来，腐败就一直存在。[①] 随着时间的推移，腐败的影响不断深入。[②] 香港政府早在 1898 年就引入英国的法律加以管制（第一部关于惩治腐败的法律——“行为不端处罚条例”，Misdemeanors Punishment Ordinance in 1898）。然而这部法律的出台却并未有效治理遍布整个社会的腐败现象[③]，其中最主要的原因在于当时的人们并未意识到腐败对于他们来说是一种严重的问题[④]。

这种状况一直持续到 20 世纪四五十年代。随着二战结束，香港开始进入现代化转型发展阶段。快速发展的工业化使得香港政府寻求更大的经济利益，而当时腐败问题对经济的影响也开始显露端倪。[⑤] 香港政府首先颁布了新的法律——“预防腐败条例（1948）”（The Prevention of Corruption Ordinance in 1948）。其次，建立了专门肃贪的机构[⑥]，即警察局内部的刑侦调查署（Criminal Investigation Department）成立了一个

---

① PALMIER L. The control of bureaucratic corruption：Case studies in Asia［M］. New Delhi：Allied Publishers，1985. QUAH J S. Defying institutional failure：Learning from the experiences of anti－corruption agencies in four Asian countries［J］. Crime Law and Social Change，2010（53）.

② KUAN H C. Anti–Corruption legislation in Hong Kong—A history，In Rance，P. L. Lee eds. Corruption and its control in Hong Kong：Situations up to the late seventies［M］. Hong Kong：The Chinese University Press，1981：15–43.

③ KUAN H C. Anti–Corruption legislation in Hong Kong—A history，In Rance，P. L. Lee eds. Corruption and its control in Hong Kong：Situations up to the late seventies［M］. Hong Kong：The Chinese University Press，1981：15–43.

④ LEE R P. Corruption and its control in Hong Kong：Situations up to the late Seventies［M］. Hong Kong：Chinese University Press，1981.

⑤ PALMIER L. The control of bureaucratic corruption：Case studies in Asia［M］. New Delhi：Allied Publishers，1985.

⑥ LEE R P. Corruption and its control in Hong Kong：Situations up to the late Seventies［M］. Hong Kong：Chinese University Press，1981.

半独立机构——反贪污处（Anti-Corruption Branch ，ACB）[①]。虽然有新的法律出台，与之配套的肃贪机构也被建立起来，但腐败依然盛行，无法有效治理。

进入20世纪60年代之后，警察系统内部的集团式腐败日益严重。其中，警司葛柏的贪污案件[②]成为引爆民众对于腐败严重不满的导火索，继而影响到香港政府的统治合法地位。为了平复民怨，稳固统治，香港政府一方面在1971年颁布了《防止贿赂条例》（the Prevention of Bribery Ordinance1971）；另一方面，在新加坡肃贪经验的基础之上，建立了新的机构：肃贪办公室（Anti-Corruption Office ，ACO）。然而这两方面的举措虽然缓解了腐败的蔓延，却未能彻底治理。葛柏事件的持续发酵直接促成了更为独立的专业肃贪机构（廉政公署）的成立。[③] 新成立的廉政公署获得了独立的权力结构以及充沛的资源保证（人力和财力）。[④]

（二）行动者及其特征

自从1948年香港政府设立肃贪机构（例如ACB）以来，至廉政公

---

① KUAN H C. Anti-Corruption legislation in Hong Kong—A history, In Rance, P. L. Lee eds. Corruption and its control in Hong Kong: Situations up to the late seventies [M]. Hong Kong: The Chinese University Press, 1981: 15-43.

② 葛柏（Peter Fitzroy Godber），英国殖民地高级警官和贪污犯，曾任皇家香港警队外籍总警司，他在1973年6月成功潜逃英国，企图逃避警方对他涉嫌贪污受贿而展开的内部调查，引起舆论哗然，事件促成廉政公署在1974年2月成立。

③ 廉政公署成立于1974年2月15日。

④ WONG J K. The ICAC and its anti-corruption measures, In Lee, R. P., ed. Corruption and its control in Hong Kong: Situations up to the late seventies [M]. Hong Kong: Chinese University Press, 1981: 45-72.

署的成立，这个过程历经了 26 年的时间。[①] 在这个漫长的过程中，香港政府共设立了三个肃贪机构，颁布了三部肃贪法律，而真正到 1974 年廉政公署的建立才扭转香港贪腐盛行的局面。

在 20 世纪 70 年代廉政公署建立的前后，正是一系列廉洁政策落地执行的关键阶段。在这个过程中，除了香港政府的大力推动外，还有社会民众的积极参与。[②]

香港政府是肃贪的推行者与组织者，是最主要的行动者。但是，时任总督麦理浩作为最主要的行动者也并非一上任就有肃贪的计划。相反，叶建民研究发现，麦理浩在上任初期并没有非常重视贪污问题。他在就任前的施政计划中提及最多的是当时香港政府必须优先处理的诸多内部问题，如“两局非官守议员委任、市政局、政府架构改组、教育、房屋、劳工、公务员薪酬及招聘等十三项事宜”[③]。直至葛柏事件的爆发，不但引发民众日益不满，而且引起官方的注意。这两方面都为当时的香港政府带来了压力和危机。因此，为了回应“各方压力，维持自身的权威，挽回公众的信任”，一系列改革建议相继在百里渠第二号报告中提出，后经麦理浩最终促成，例如“进一步修订《防止贿赂条例》，把举证责任扩展到公务员近亲，修订相关公务条例容许政府不管

① QUAH J S. Defying institutional failure：Learning from the experiences of anti-corruption agencies in four Asian countries ［J］. Crime Law and Social Change，2010（53）.

② 李莉. 社会中心主义视角下的腐败治理：基于香港廉政公署年度报告（1974—2013）的解读［J］. 经济社会体制比较，2015（5）：81-91.

③ 叶健民. 静默革命：香港廉政百年共业［M］. 香港：中华书局（香港）有限公司，2015：96.

刑事程序结果如何，均可以把贪污的公务员革职”[1] 以及在 1974 年成立廉政公署。因此，麦理浩作为香港廉洁改革的推动者实际是因压力而转变的。但在后期的诸多关键性改革措施中，麦理浩积极而坚定的推动也成为改革成功的关键。[2]

社会民众对于腐败的容忍程度成为影响香港政府推行廉洁改革的最为重要的因素。从早期认为腐败就是一种生活方式，到后来选择隐忍各种腐败，继而发展到参与到对葛柏的声讨运动中。民众态度上的变化反映出香港廉洁改革的长期性与历史性，但也表明在这个过程中，民众从被动的角色逐步转变为积极主动的行动者角色。在当时香港市民主要来自外地，这些市民的首要任务是解决温饱问题。因此，当时的人们并未意识到腐败对于他们来说是一种严重的问题。[3] 与此同时，中国传统文化中的关系、面子等因素都使得民众一度对腐败采取隐忍的态度。进入到 20 世纪 60 年代后期，本地出生的第二代逐渐成长为新的市民。由于移民二代深受西方教育的影响，因此他们更加重视自由和权利。20 世纪 70 年代爆发的警司葛柏贪污事件成为引爆市民不满情绪的导火索。市民发起了著名的“反贪污、抓葛柏”运动。这场运动第一次真正体现出了公民个人积极参与揭露贪污进而打击贪污的重要作用。虽然民众通过葛柏事件开始意识到肃贪的重要性，但由于以往改革都很难真正动摇警察系统的集团式腐败，因此，在廉政公署成立之后市民并未表现出

① 叶健民．静默革命：香港廉政百年共业［M］．香港：中华书局（香港）有限公司，2015：116.

② YEP R. The Crusade against Corruption in Hong Kong in the 1970s：Governor MacLehose as a Zealous Reformer or Reluctant Hero？［J］．China Information，2013（27）．

③ LEE R P. Corruption and its control in Hong Kong：Situations up to the late Seventies［M］．Hong Kong：Chinese University Press，1981.

极大的信任，很多市民表示廉政公署想要肃贪成功基本上是“不可能完成的任务”。因为，他们认为贪污贿赂是一种习惯，很难被根除。可见，作为推动廉洁改革的第二行动者，普通民众的动机并非是一开始就有的，而是在经历了葛柏事件和对廉政公署的观望之后才真正具备的。

在这个过程中，肃贪的对象主要是当时的警察。警察贪污不仅仅是警察个人的行为，而且是警察系统的系统性贪污（syndicated corruption）。警察所代表的是利益受损者，他们对于改革政策进行了一系列的抵制和反抗。针对这一行动者的分析是不多的，其被忽视的原因可能在于廉政公署的光环效应太强烈，所以对于警察对其所造成的抵制和反抗反而不容易受到关注。

香港从贪腐到廉洁的转变过程中，警察所代表的利益既得者的反抗是非常重要的。警察的反抗，迫使香港政府更加重视肃贪的重要性。[①]同时警察这一行动者的反抗也表明对于腐败的打击和治理的困难性。

（三）行动者格局与互动模式

廉洁改革的推进过程是相关行动者利益的调整过程。行动者将根据自身利益的预期变化和价值判断，决定采取相对应的行动策略。[②] 上述提到的行动者所拥有的行动资源和行动能力决定了他们在从贪腐到廉洁的变革过程中处于不同的分权和权力地位，构成了复杂的行动者格局（场域）。

虽然廉政公署自诞生之日起就积极肃贪，但市民却并未表现出极大

---

① LO T W. Corruption and politics in Hong Kong and China [M]. Buckingham: Open University Press, 1993.

② 匡莉，冯惠强，马远珠．推进乡村卫生组织一体化的障碍——基于行动者中心的制度主义分析［J］．中国卫生政策研究，2012，5（6）：37-42.

的信任。前文的梳理表明，社会民众对于廉洁改革的态度是逐步变化的。

从早期的习惯到隐忍，再到愤懑继而转变为参与声讨以及后期的观望等，这些变化的背后实际是与香港市民社会的逐步发展密切相关的。市民社会的发端、发展都为民众提供了表达声音、争取权利的基本土壤。这也使得香港从腐败到廉洁的治理过程显示出非常明显的社会中心主义特点。①

民众的支持对于廉政公署的工作以及整个廉洁改革的落地都提供了难得的促进作用。民众对于政府肃贪的信心开始大增。这可以从实名举报和投诉的数字看出（见表 2-1）。

表 2-1　香港市民贪污举报数字②

年份	举报总数	匿名举报比率
1968	745	38. 1%
1969	1041	68. 9%
1970	1042	71. 7%
1971	1135	67. 1%
1972	1148	65. 1%

① 李莉．社会中心主义视角下的腐败治理：基于香港廉政公署年度报告（1974—2013）的解读［J］．经济社会体制比较，2015（5）：81-91.

② 本表格引用自叶健民．静默革命：香港廉政百年共业［M］．香港：中华书局（香港）有限公司，2015：138.

续表

年份	举报总数	匿名举报比率
1973	326*	58.0%
1974	3189	65.2%
1975	3179	61.2%
1976	2433	53.2%

*1973 年的数字只包括至 4 月 30 日为止的举报数字

资料来源：《百里渠爵士调查委员会第二号报告书》《廉政公署一九七六年度工作报告》

由此可见，民众与政府的互动，在廉洁改革的过程中，也并非是支持或反对的单一模式。民众表达不满，政府就需要作出回应。所以在反葛柏运动中，政府对于民众的强烈不满的回应就是坚决追讨葛柏回到香港，最终判刑。而后，在民众对廉政公署的观望中，政府又进一步加大对警察系统的贪污打击力度。1977 年起诉 126 例，1978 年下降为 62 例，1979 年则降至 44 例，到了 1980 年降至 29 例。虽然在后来的发展中也出现过短暂的人数上升，例如 1984 年（42 例）和 1985 年（36 例），以及 1995 年（58 例）和 1996 年（32 例），但总体而言，都呈现出一种不断下降的趋势。这些零星出现的案例与 20 世纪 70 年代的集团式腐败性质是不同的，盘根错杂的集团式犯罪的根基与土壤早已被廉政公署铲除了。

对于警察而言，他们是变革过程中最大的阻力。在这个过程中，警察的利益受到最大的触动，他们的阻力也就最大。具体而言，警察的阻力来自两个阶段。首先，早期不愿成立单独的反贪机构；其次，廉政公署建立之后的最初几年爆发了警廉冲突，继而被迫采取了特赦政策。实际上，特赦显示出警察与政府的博弈过程。政府的改革并非一帆风顺，虽然政府推动改革的动力巨大，但面对警察系统的阻力也受到了挑战。

1. 阶段一：早期不愿成立单独的反贪机构

实际上，香港政府在1898年颁布了第一部反贿赂条例（The Misdemeanours Punishment Ordiannce）后，就是由警察负责执行的。换言之，警察一直是打击贪污犯罪的执行者。在20世纪四五十年代难民潮涌入香港的背景下，各种服务都非常匮乏。因此，警察人员的构成大多来自教育程度低或有黑社会背景的底层民众。由于素质较低，有很多警察参与赌博、嫖娼，甚至收取保护费。这种状况一直持续，没有得到有效解决。之后，随着第二部反腐败条例在1948年（The Prevention of Corruption Ordinance in 1948）颁布，还专门成立了反腐败机构（ACB）。但是这个机构也还是隶属于警察局内部。警察系统的腐败愈演愈烈，并未因设置了反腐败机构而有所改善。例如，相关的文献显示市民需要交400元港币才能取得驾驶资格考试的执照。[①] 由于警察系统自身的腐败问题严重，根本不可能有效打击贪污，因此，将反腐机构从警察系统分离出去的呼声在社会中日益强烈。但这一提议却遭到了警察系统自身的强烈反对。[②] 鉴于警队对于社会治安的重要性，当时的政府成立的贪污咨询委员会以及时任港督戴麟趾再三权衡之下，都表示不急于决定是否成立

① LO T W. Corruption and politics in Hong Kong and China [M] . Buckingham: Open University Press, 1993.

② LO T W. Corruption and politics in Hong Kong and China [M] . Buckingham: Open University Press, 1993.

新的反贪机构。[①] 在警队保住反贪部后，他们改组了反贪部门的编制，把主管的职级从总警司提高至警务处助理处长，并大幅增加了编制。[②]

然而，在葛柏事件之后，警察系统已经成为众矢之的。在这种情况下，必须成立新的反贪机构以解决因葛柏事件引发的危机。正是在这个过程中，警察系统的贪污开始受到新机构的重点侦查。当时的统计表明，1974 年至 1976 年针对警员的投诉每年都在 1000 件以上（见表 2-2）。

表 2-2　针对警察的贪污投诉（1974—1980）

年份	1974	1975	1976	1977	1978	1979	1980
接到的投诉（件）	1443	1492	1119	729	487	635	523

2. 阶段二：警廉冲突与特赦政策

然而，整个改革还并未结束。作为这个改革过程中最大的利益受损者警察，他们有强烈的抵制动机。随着廉政公署侦破的警察贪污案件的增多，集团式贪污的特征已经越来越明显。1975 年，当时的廉政公署专员姬达表示“要把警察这种集团式贪污定为廉署调查的首要目标”。在此目标下，廉署于 1977 年侦破了一个重要的案件：一个活跃于油麻地果栏一带的贩毒集团背后隐藏的油麻地警署贪污集团。这次行动拘捕

① 叶健民．静默革命：香港廉政百年共业［M］．香港：中华书局（香港）有限公司，2015：83.

② 叶健民．静默革命：香港廉政百年共业［M］．香港：中华书局（香港）有限公司，2015：83.

了34名隶属旺角警区的警官，包括3名警司、4名总督察及1名高级督察。[①] 这一抓捕在当时引起整个警察系统的恐慌。在这样的形势下，警察内部自发组织了集会和示威活动，表达不满和抗议。之后部分集会人群来到廉政公署与内部职员发生了冲突。这些警廉冲突令各界震惊。[②]随后，香港政府虽然接纳了警务人员协会的要求，提供了法律援助等，但仍然未能平息警察的不满。廉政公署继续调查的态度也依然强硬。由于警廉冲突引发的社会不安令香港政府感受到压力，随后，警察提出特赦的要求，“要求廉政公署对以往的贪污案件一笔勾销”[③]。这是一系列廉洁改革推行以来遭遇的最大挑战与阻碍。对此，香港政府和时任总督麦理浩等认为“以武力镇压示威者并非上策”[④]。最终，为了平息冲突，以麦理浩为领导的香港政府接受了警察提出的特赦要求。但具体在特赦的追溯期问题上，麦理浩坚持不采用法律角度提出的即日计算的建议，而是定于1977年1月1日。这使得特赦成为局部赦免，即对于带头“黑警”最终仍有303宗调查不受特赦令豁免。这样的结果是“一种妥协，一个让步，也对廉政公署构成了一次重大打击”。[⑤]

通过特赦，虽然在一定程度上影响了公众对廉政公署的信心，但在

① 叶健民．静默革命：香港廉政百年共业［M］．香港：中华书局（香港）有限公司，2015：149.

② 叶健民．静默革命：香港廉政百年共业［M］．香港：中华书局（香港）有限公司，2015：152.

③ 叶健民．静默革命：香港廉政百年共业［M］．香港：中华书局（香港）有限公司，2015：154.

④ 叶健民．静默革命：香港廉政百年共业［M］．香港：中华书局（香港）有限公司，2015：155.

⑤ 叶健民．静默革命：香港廉政百年共业［M］．香港：中华书局（香港）有限公司，2015：156.

特赦之后，麦理浩拒绝一切退让，全力支持廉政公署，这收到了“一锤定音的效果”。1970 年末，廉政公署清除了所有的警察集团式腐败[①]，使得警察集团式腐败成为过去式。

可见，不同行动者的态度决定了其可能采取的行动，但实际上采取什么样的行动、如何采取行动又取决于他们拥有的资源和价值观，并受到制度环境的影响，构成了行动者的行动策略，形成行动者间的互动模式。

在这个过程中，上述行动者之间的互动模式呈现出不同的特点。

首先，民众与政府之间的互动模式显示出较为鲜明的双向沟通特色。即民众有不满，向政府表达，形成舆论压力，继而政府有所回应。但政府的回应程度是随着民众的态度而变化的。虽然当时的香港并非民主体制，但香港政府对于民众的回应却有效缓解了政府的压力。这也使得他们之间的互动呈现出良性互动效果。

其次，警察与政府之间的互动则存在明显的多元特色。警察在早期对于设置独立反腐机构的抵制中，方式较为温和，且与政府的讨价还价都处在利益未受到实质损失的情况下。但在后期的廉政公署的打击中，警察这一行动者选择了群体抵制。警察群体博弈的力量是由于香港当时缺乏军队，警察成为最有威胁性的武装力量。因此，在这个过程中，和平谈判的方式被替换为充满武力冲突色彩的示威游行活动，这在很大程度上增强了警察一方的力量。因此，这充分表明打击腐败对于利益受损一方而言，抵制与反抗都会成为政策过程中最大的阻力与挑战。

---

① MANION M. Corruption by design: Building clean government in mainland China and Hong Kong [M]. Cambridge Mass: Harvard University Press, 2004.

最后，政府的互动策略发挥关键作用。在多方行动者的互动格局中，政府的作用显得非常重要。不难发现，政府与民众、政府与警察的互动采取了不同的策略和模式。在这一复杂的政策变革中，有效区分不同的行动者及其利益状况显然是非常重要的。虽然在与民众、警察的互动中，政府处于被动局面，但上述这个过程也表明适当的妥协与互动是解决问题的有效途径。

第三章

反腐败机构：制度支持与保障

对腐败的研究中，关于腐败机构的研究是非常重要且核心的。① 因为机构是制度的载体，通过对机构的深入观察和分析，能够对腐败治理提供更加有效的制度分析视角。

不少转型国家在应对腐败问题、突破廉政困境时，都以制度建设为政策导向的基础。②。一直以来，各国腐败防治的任务主要依靠政府来完成。作为一项重要的公共政策，政府进行腐败控制的目的是“减少腐败存在的结构性机会，同时通过全方位的措施予以惩处”③。鉴于此，专业的反腐败机构（Anti-corruption Agency，ACA）模式逐渐出现④，与之相伴随的是一套全新的思路与方法。⑤

---

① DE S L. Corruption：Assessing ethical standards in political life through control policies [D]. Unpublished PhD thesis, European University Institute, 2002.

② 郭锐. 转型国家的廉政困境、廉政变革及其启示 [J]. 理论探索, 2018 (2): 84-93.

③ DE S L. Corruption：Assessing ethical standards in political life through control policies [D]. Unpublished PhD thesis, European University Institute, 2002.

④ SAMPSON S. Integrity warriors：Global morality and the anti-corruption movement , In Haller, D. &Shore, C. (Ed.) Corruption anthropological perspectives [M]. London：Ann Arbor, MI：Pluto, 2005.

⑤ De Sousa, L. Anti-corruption agencies：between empowerment and irrelevance [J]. Crime Law and Social Change, 2010 (53).

一、腐败治理的两种范式：传统治理模式与 ACA 模式

自 20 世纪 90 年代以来，ACA 模式已经成为世界范围内肃贪运动中最富于革命性的治理手段①，因此吸引了众多研究者的关注②。世界经济合作组织（OECD）将 ACA 模式中的核心要素，即专业的肃贪机构划分为三类：第一种是兼具多项功能的专门机构（例如香港廉政公署 ICAC，新加坡腐败调查局 CPIB）；第二种是设立在警署或检察机关内部的专门机构（例如罗马尼亚国家反腐指挥中心）；第三种类型的机构通常还具有专门性的预防职能（例如法国的预防指挥服务中心 SCPC）。着眼于亚洲，学者寇奇归纳了三种形式，它们分别是：非独立的单一的

---

① De Sousa, L. Anti - corruption agencies: between empowerment and irrelevance [J]. Crime Law and Social Change, 2010 (53).

② DOIG A, WATT D, WILLIAMS R. Why developing country anticorruption agencies fail to develop: Understanding the dilemmas of organizational development, performance expectation, and donor and government cycles in African anticorruption agencies [J]. Public Administration and Development, 2007 (27). Heilbrunn, J. R. Anti - corruption commissions: Panacea or real medicine to fight corruption [M]. Washington: The International Bank for Reconstruction and Development/the World Bank, 2004. Johnston, M. A brief history of anticorruption agencies. In Anadreas, S., Larry D., Marc F. P. (Ed.) The self-restraining state: Power and accountability in new democracies, Boulder [M]. Colo: Lynne Rienner Publishers, 1999. Kuan, H. C. Anti-Corruption legislation in Hong Kong—A history, In Rance, P. L. Lee eds. Corruption and its control in Hong Kong: Situations up to the late seventies [M]. Hong Kong: The Chinese University Press, 1981: 15-43. McWalters, I. Bribery and corruption law in Hong Kong [M]. Hong Kong: LexisNexis Butterworths, 2003. Nikos, P. Anti-corruption agencies and the need for strategic approaches: A preface to this special issue [J]. Crime Law and Social Change, 2010 (53). Palmier, L. The control of bureaucratic corruption: Case studies in Asia [M]. New Delhi: Allied Publishers, 1985. Quah, J. S. The public policy-making process in Singapore [J]. Asian Journal of Public Administration, 1984 (6).

肃贪机构、拥有众多子机构的肃贪机构和拥有独立机构的肃贪体系。[1]第一种类型制定和颁布肃贪法律但没有专门的机构去执行法律；第二种类型在几个子机构的协助下执行肃贪法律；第三种类型源自新加坡，执行专门的预防腐败条例（POCO）。虽然划分的类型不同，但总体而言，从传统的依靠政府的绝对力量进行肃贪，进而转变为建立以专业的肃贪机构为核心的多元主体模式是当今世界腐败治理的变迁趋势。

ACA 模式具有丰富的治理内涵。首先，其强调一系列专业的肃贪机构（ACAs）的重要性。这些机构具有独立、专业、稳定的特性，通过各种防范措施减少腐败存在的机会，进而打击腐败行为。[2] 其次，该模式强调这些肃贪机构是一个多元的网络系统。传统的肃贪模式强调政府的作用是排他性的，然而 ACA 模式则强调多元网络（例如公民社会或其他主体）特质。其中最为著名的例子就是国际透明组织（TI），它作为一个民间机构在预防和打击腐败中起到了日益重要的作用[3]。

尤其在最近几十年来，世界各国纷纷建立专业机构以带动多元主体

① QUAH J S. Comparing Anticorruption Measures in Asian Countries：Lessons to be Learnt ［M］. Pagesetters Services PTE Limited，1999.

② SOUSA D，L. Anti－corruption agencies：between empowerment and irrelevance ［J］. Crime Law and Social Change，2010（53）. McWalters，I. Bribery and corruption law in Hong Kong. Hong Kong ［M］. Lexis Nexis Butterworths，2003. Nikos，P. Anti－corruption agencies and the need for strategic approaches：A preface to this special issue ［J］. Crime Law and Social Change，2010（53）.

③ 国际透明组织曾提出了国家廉政体系理论（1993—1994）强调“治理腐败，不只是公共部门的责任，还需要私人部门和公民社会的参与。”

进行腐败治理，中国香港的廉政公署（ICAC）成为世界效仿的榜样①。虽然至今已有很多研究表明 ACA 模式也并非万能良药②，中国香港与新加坡的成功经验并不能全盘复制，③ 但不可否认的是，这种依靠专业机构并动员各种主体参与腐败治理的理念却已经深入人心。

近年来专业的反腐败机构受到越来越多的批评，因为他们的工作成效受制于各种资源限制。腐败并非是单独存在的社会问题，所谓牵一发而动全身，反腐败机构的建立也是如此。在大多数国家，并没有一个全国性的反腐败机构，无法协调部门之间的合作。

目前，关于单一还是多元反腐败机构孰优孰劣一直都未有定论。近年来，两种形式都不乏成功的案例。其中，英国没有选择专门的反腐机构（ACA），而是通过在现有机构安排中以专家重组的方式，为国家犯罪局的国际反腐机构（ICU）分配了许多反腐败职责。ICU 有专门的工作人员和预算，它的能力得到了增强，取得了积极成果。成功的原因还在于总部的灵活性，以及高级官员的领导，他们有明确的重点也有一定程度的执行权，这些都保障了组织的发展巩固所必需资源的可用性和控制权。立陶宛则成立了专门的反腐机构（ACA），即特别调查局

---

① HEILBRUNN J R. Anti-corruption commissions: Panacea or real medicine to fight corruption [M]. Washington: The International Bank for Reconstruction and Development/the World Bank, 2004. McWalters, I. Bribery and corruption law in Hong Kong [M]. Hong Kong: LexisNexis Butterworths, 2003. Nikos, P. Anti-corruption agencies and the need for strategic approaches: A preface to this special issue [J]. Crime Law and Social Change, 2010 (53).

② De Sousa, L. Anti-corruption agencies: between empowerment and irrelevance [J]. Crime Law and Social Change, 2010 (53).

③ JOHNSTON M. A brief history of anticorruption agencies. In Anadreas, S., Larry D., Marc F. P. (Ed.) The self-restraining state: Power and accountability in new democracies [M]. Boulder, Colo: Lynne Rienner Publishers, 1999.

(STT)，它能够以更高的要求挑选经验丰富的员工，并从国内和国际指导中受益。STT 被视为具有强领导力和技术性的准法律执行机构。其有效性可归因于在已知情报的基础上采取的战略方针、特别的技术方法以及国际机构的持续性指导三者的结合。在不丹，根据 2005 年宪法安排，成立了反腐败委员会（ACC），旨在根除腐败。就其规模和能力而言，它获得了不恰当的授权，其工作人员和活动迅速增加。此外，尽管环境充满挑战，但建立 ACC 时没有进行机构和腐败风险评估，而这本可以帮助 ACC 在实际工作中明确机构存在的差距和弱点。这种战略规划的缺乏对该机构产生了影响。许多改革并没有解决过去的遗留问题。因此，ACC 仍面临挑战，因为它并不完全适合该国的环境，并且外部环境也没有起到促进反腐目的实现。

虽然目前从制度层面建立专业的反腐败机构是否能够有效治理腐败并未形成一致的共识，但不可否认的是，专业的反腐败机构作为从制度层面探索相关改革的重要尝试却是被认可的。对于腐败严重的国家而言，反腐败的思路从制度改革入手，组建专业的反腐败机构能够树立反腐败权威，整合反腐败资源。基于此，本章选取了在清廉转型过程中发挥了积极作用的中国香港廉政公署个案以及转型过程反腐败机构并未取得成功的菲律宾反腐败法院个案。

二、个案：专业的反腐败机构

香港廉政公署（ICAC）于 1974 年成立，一直被视为专业反腐败机构的典型代表。目前围绕这个专业机构的研究主要集中在 ICAC 在香港成功打击腐败过程中的作用。下文主要介绍：ICAC 预防、打击、教育三管齐下的“肃贪策略”[①]；ICAC 这个专业机构的基本构成和工作程序[②]；评析 ICAC 作为专业肃贪机构是否具有可借鉴意义[③]。

1. 香港反腐败机构组织架构

廉政公署的成立可以说是给 20 世纪 70 年代的香港带来了一丝光明。当时的香港社会贪污情况非常严重，导致民不聊生，而因贪污入狱的警司韩德表示，当时在警察队伍中的贪污就像是晚上睡觉、早上刷牙一样，已经成为警员日常生活的一部分。促使香港反腐败机构成立的是当时正在被调查的涉嫌贪污的总警司葛柏逃离香港事件。市民们在这件事情被曝光后因为贪污现象被积压了很久的不满情绪终于爆发了，纷纷示威抗议，港督麦理浩为此成立专案小组，并在几个月后成立独立的专职反贪污机构——总督特派廉政专员公署，后更名为香港特别行政区廉政公署，最后成功把葛柏遣返受审。通过对廉政公署组织架构及职权的研究，从而进一步明晰香港的反腐败廉政体系。香港廉政公署的组织架构是著名的“三管齐下”式，“三管”是指执行处、防止贪污处和社会关系处，分管贪污犯罪的调查、预防和教育工作。三个部门的工作相辅相成，通过法制预防、廉政教育和职务犯罪案件的调查处置为香港营造一个廉洁的社会环境，廉政公署日常的行政工作则由行政总部负责。

---

① Heilbrunn, J. R. Anti - corruption commissions: Panacea or real medicine to fight corruption [M]. Washington: The International Bank for Reconstruction and Development/the World Bank, 2004. Quah, J. S. Anti-corruption Agencies in Four Asian Countries: A Comparative Analysis [J]. Research in Public Policy Analysis and Management, 2008 (17).

② QUAH J S. Anti-corruption Agencies in Four Asian Countries: A Comparative Analysis [J]. Research in Public Policy Analysis and Management, 2008 (17).

③ MANION M. Corruption by design: Building clean government in mainland China and Hong Kong [M]. Cambridge Mass: Harvard University Press, 2004.

（1）执行处

执行处即主要调查部门，主要负责接受市民举报贪污和接到举报或者发现有贪污现象存在时对其进行调查。在香港，大部分的贪污犯罪行为都是依靠群众举报发现的。当廉政公署接到举报后，执行处的负责调查工作的负责人，会在每天早上开会讨论过去 24 小时收到的举报材料是否需要展开调查，决定是否开展调查主要看两个条件，第一是举报内容是否和贪污犯罪有关，第二个条件是如果举报线索符合贪污行为，举报人所提供的资料是否足够开展调查。例如说有个市民如果在街道上听到路人说有一个高官收了别人的钱，在招录时录取了那个人的亲戚，于是前往廉政公署进行举报，但是举报人不清楚对话中指的是哪一个高官，也不知道对话中的官员是属于哪一个部门，因此这种情况下并没有足够的证据可以展开调查。如果举报材料有足够证据可以开展调查，廉政公署会在 48 小时内联系举报人安排会面，进一步询问详细情况。在调查过程中，举报人可以随时向调查主任询问调查进展，在调查结束后，廉政公署会把调查结果告知举报人。

执行处的另外一项重要职能是依据《廉政公署条例》《防止贿赂条例》及《选举（舞弊及非法行为）条例》这三部法律条例对涉嫌贪污的人员开展调查活动。在执行处下设了五个调查科，分别分管①政府机构、公共部门和选举；②私营机构；③行动支援，如线人处理及卧底行动、证人保护及枪械使用、跟踪及技术支援；④国际及内地（行动）联络、行政及行动支援、法证会计、统计资料研究、资讯及电脑资料鉴定等；⑤内部调查。[①] 由此可见，执行处的调查范围几乎已经涵盖了所

① 参见香港廉政公署官方网站。

有贪污犯罪所涉及的区域，而且能使用一定的技术手段开展调查活动。在整个调查活动过程中，工作人员需要对调查工作进行全程保密，如果涉及向社会机构调取被调查人的资料，被调取机构的员工在法律上是要求要保密的。

（2）防止贪污处

防止贪污处的主要职责是预防贪污犯罪，其法定职责是审查各个政府或者公共机构的规章制度、工作流程中是否存在易引发贪污现象的漏洞，并针对这些漏洞提出相应的建议和程序修订方案，从而达到预防的效果。防止贪污处所提供的服务包括规章流程审查研究、咨询工作和开展防贪污讲座。而且，防止贪污处服务的对象不仅仅是公共机构，还会应私营机构和个体企业的要求针对他们的特点提供建议，由于商业机构具有一定的保密性，因此廉政公署并没有权力去主动展开针对商业机构的贪污审查工作或是查看公司的规章制度，只有得到同意或者收到主动请求才能对此进行查看。在近几年，香港大部分的商业机构都积极主动寻求廉政公署的帮助，因为当他们和美国、英国等国家的企业合作时，有相关规定合作时企业需要设立相应的防贪措施。

对于廉政公署提出的建议，公共机构是否会采纳的问题，笔者为此专门咨询了廉政公署的工作人员。对于廉政公署所提出来的修改意见，廉政公署并没有职权要求相关单位强制修改或者执行，但是公共机构或企业由于害怕触犯法律，带来一定的政治后果，所以一般来说建议都会被采纳。

为了针对不同公司、不同职业提出有可行性的意见，还要胜任公共或者私人企业相关领域的资料审查工作，为此廉政公署聘请了具有会计、审计及财务分析、法律、测量等相关专业知识并且经验丰富的人员，甚至其中还包括了资深的前政府人员。通过对政策法规、公司企业的部门规章制度的审查并提出修改意见，防止漏洞被利用，提前对贪污犯罪进行预防，有效控制了贪污犯罪的发生，达到了“不能腐”的目的。

（3）社会关系处

社会关系处主要负责香港公民的廉政教育事项。香港的廉政教育主要分为两个方面，一是教育公众认识贪污的危害后果，二是通过教育倡导公民支持肃贪倡廉工作，积极主动和贪污现象进行斗争。

开展面向公众的防止贪污公益培训活动。通过职业特征或年龄把香港居民具体细分为不同的群体，譬如政府雇员、商业机构、青少年、社区组织等，根据不同群体的特点，开展一系列深入的交流活动。如对于公司企业，前往公司内部举办讲座，廉政公署工作人员和公司职工交流在工作过程中容易碰到的贪污问题有哪些、风险是什么；对于警察，前往警察局，与警察交流若在街道上巡逻维持治安时，容易发生哪些贪污现象，通过什么方法可以避免堕入贪污的陷阱里面；而针对小区居民，如果社区举办了社区活动，活动的主办方通常会把一部分活动时间分给廉政公署，由廉政公署工作人员向社区居民普及廉政知识，从而让居民了解贪污对社会的危害。廉政公署会以公益培训的方式连续不断地开展类似的培训班，平均每个不同的群体每三到五个月就开展一次这样的培训。虽然这些培训班不会强制公民参加，但是活动形式和活动内容都受到了广大群众的喜爱。大家由于害怕触犯法律、失去工作，因此在举办时几乎每一个公务员都会自发参加，社区居民也对这种培训方式喜闻乐见，起到了很好的教育效果。

此外，廉政公署还会利用新媒体或传统宣传媒介，通过廉洁公益广告、电视剧、公交站牌、地铁广告牌等形式对肃贪倡廉进行宣传，从而向市民推广清正廉洁的社会价值理念，支持廉政公署的工作，共同营造廉洁社会。

2. 与专业反腐败机构配套的法律制度

香港主要有三部反腐败法律，分别是《廉政公署条例》《防止贿赂条例》以及《选举（舞弊及非法行为）条例》，通过规范反腐败组织架构和权限、设立专门的法律规定贪污犯罪的罪名及刑罚等措施构成香港反腐败法律体系。《廉政公署条例》主要是对廉政公署的设立、廉政公署拥有的职能权限和调查手段、廉政公署工作人员的职责和权力进行了规定。《防止贿赂条例》针对贪污犯罪相关罪名的认定、刑罚、起诉和证据的合法性来源等进行规定。为了配合廉政公署这一专业的反腐败机构的有效运作，香港的反腐败法律体系对其起到了重要的支持和保障作用。"ICAC 的成功运作就在于《防止贿赂条例》提供的法律支持。"①

（1）职务犯罪的主体具有广泛性

在香港廉政公署成立前，即从 1970 年开始，香港的反贪条例就已经将私人机构的腐败问题纳入监察对象范围内了。无论涉案人是什么背景，无论他是政府官员还是商业或者私人机构的老板、小职员，只要涉嫌贪污犯罪对其采取的调查工作、手段以及程序都是一样的。因此在香港，所有人都有可能成为调查对象，而不是仅仅受制于"公务员"或

① SUMNER C. Censure, politics and criminal Justice [M]. Philadelphia: Open University Press, 1990.

者政府机关工作人员。比如机动车驾驶考核过程中的教练员也可能成为廉政公署的调查对象。究其渊源，因香港长期被英国殖民统治，公有私有并没有明确的界限区分，所以才有了“全覆盖”式的反腐调查。如果要对此进行区分，主要是根据案件的复杂性来区分。上市公司的资金流动性大，案件调查上就有一定的难度。在香港，法律上有相关条例规定私人企业有义务配合廉政公署进行职务犯罪案件调查工作，如果公司或者企业不愿意配合，廉政公署可以采取相应的强制措施，如直接联系银行提供某一个人或者公司的财务状况资料。

（2）贿赂数额没有最低标准

其中针对公务员贪污犯罪的相关条文可以分为三种类型：针对公务员的收入的规定；针对公务员的生活条件的规定；针对公务员的非法所得的规定。

首先，针对公务员的收入，《防止贿赂条例》第 3 条明确规定：“任何订明人员未得行政长官一般或特别许可而索取或接受任何利益，即属犯罪”。法条对“订明人员”的解释是：“指担任政府辖下的受薪职位的人，不论该职位属永久或临时性质。”即我们通常所说的公职人员。由此可见，只要公职人员接受或者索取利益，则可以被认定是犯罪，需要接受罚款 10 万元港币及监禁 1 年的刑事处罚。

其次，针对公务员生活水准的规定以及不明来源所得的规定都集中在《防止贿赂条例》第 10 条当中，“任何现任或曾任行政长官或订明人员的人（a）维持高于与其现在或过去的公职薪俸相称的生活水准；或（b）控制与其现在或过去的公职薪俸不相称的金钱资源或财产，除非就其如何能维持该生活水准或就该等金钱资源或财产如何归其控制向法庭作出圆满解释，否则即属犯罪。”

（3）行贿与受贿同罪同罚

《防止贿赂条例》第12条提到，如果行贿，无论是出于何种原因，都需要接受刑事处罚，最高刑罚可达10万元港币和刑期最高达10年的监禁。受贿者则同样需要接受刑事处罚。

（4）“利益”的范围广泛

《防止贿赂条例》中第2条对“利益”做出了解释：“（a）任何馈赠、贷款、费用、报酬或佣金，其形式为金钱、任何有价证券或任何种类的其他财产或财产权益；（b）任何职位、受雇工作或合约；（c）将任何贷款、义务或其他法律责任全部或部分予以支付、免却、解除或了结；（d）任何其他服务或优待（款待除外），包括维护使免受已招致或料将招致的惩罚或资格丧失，或维护使免遭采取纪律、民事或刑事上的行动或程序，不论该行动或程序是否已经提出；（e）行使或不行使任何权利、权力或职责。”[①] 由此可见，在香港法律中，利益包括了财物，也包括了非财产性质的物品如职位、合同、免于处罚等。

（5）明确公共机构的范围

在《防止贿赂条例》的附件1中，明确列出了香港除政府、行政会议、立法会、各区议会以及各委员会外的公共机构的名称，截至2012年修订版，在条例中列出的公共机构共133个。而在附件2中也列出了附件1中的133个公共机构有11个公共机构的工作人员属于公职人员，从而进一步明确了公职人员的范围。

《防止贿赂条例》中最具威慑力的条文就是第10条关于不明收入

① 参见香港法例《防止贿赂条例》第2条。

来源的规定，因为公务员贪污犯罪中最为明显的就是财产与收入所得不符，据此条规定就可以涵盖任何无法解释非法所得的犯罪行为。因此，学者寇奇认为《防止贿赂条例》实际上为ICAC的执法提供了明确的职责，明确了具体的权力边界，这些都为ICAC赋予了极强的执法效力。

3. 香港廉政公署的内外监督机制

由于香港法律赋予了廉政公署广泛的职务犯罪调查权力，因此也设置了专门的监督力量防止权力滥用的现象发生。

首先是从属关系的监督，即上级监督下级，如果发现下级做出了不当行为，需要及时向上级反映，并决定是否需要开展调查。

其次是内部监督——内部调查组。内部调查组（L组）设立在执行处下面，专门负责调查涉及廉政公署内部人员的违纪行为和贪污指控，以及涉及廉政公署或其职员的非刑事投诉。如果有居民投诉或者发现某个工作人员的操守有问题或涉及违法行为，则由内部调查组对此进行调查，若发现确有其事，则会对此作出相应的处分建议。所有关于廉政公署工作人员的刑事投诉，不论其是否涉及贪污罪行，均需要告知律政司司长，由律政司司长决定是否应当由廉政公署内部进行调查，或转交其他执法机构对此开展调查。廉政公署对此得出的所有调查结果必须向律政司司长及审查贪污举报咨询委员会报告。如果举报人或外界公民对此调查结果不满意，可以向廉政公署事宜投诉事务委员会进行投诉。廉政公署事宜投诉事务委员会设置在政务司司长办公室下，是中国香港政府的重要职能部门，委员会的成员均由行政长官进行任命。

最后是外部监督——四个咨询委员会，分别是贪污问题咨询委员会、审查贪污举报咨询委员会、防止贪污咨询委员会和社区关系市民咨询委员会，成员包括廉政专员、行政处处长、香港警务处处长、律政司委员等，廉政公署需要定期向委员会报告调查进度。其中，审查贪污举报咨询委员会负责监督廉政公署开展的调查工作，通过听取廉政专员报告廉署接获的所有贪污举报及廉署如何处理这些举报、听取廉政专员报告调查进展、听取廉政专员报告调查结果和处理办法等，对调查结果或者调查内容进行修改。如果案件移送到律政司后，律政司决定不对被调查人进行起诉，也需要向委员会报告并告知原因。

通过内部监督和外部监督相结合，从而构建完善的监督机制，有利于工作及时高效地开展和保持工作的廉洁性，防止职权滥用。

4. 香港反腐败机构的有效运作

廉政公署经过发展已经成为越来越成熟与高效的专业性的肃贪机构。作为专业的反腐败机构，其有效运作的经验取决于以下三个方面：第一，廉政公署消除了警察部门的各种集团式腐败；第二，廉政公署将政府部门的腐败控制到了相对较低的水平上；第三，解决了人事问题。

（1）警察集团式（syndicated）腐败

在 1974 年之前，香港最为严重的腐败就是警察腐败。① 廉政公署的咨询委员会曾表示当时几乎半数以上的投诉都是关于警察腐败的。② 当时，警察系统的集团式腐败主要包括在以下一些违法活动中，例如赌博、毒品交易、性交易、无证售卖等。同时，当时主要的警察腐败案件

① CHEUNG T S, LAU C. C. A profile of syndicate corruption in the police force. In Rance, P. L. Lee, Corruption and its control in Hong Kong: Situations up to the Late Seventies [M] . Hong Kong: Chinese University Press, 1981: 199-221.

② SUMNER C. Censure, politics and criminal Justice [M] . Philadelphia: Open University Press, 1990.

都发生在一线执勤人员层面。[①]

自从 1974 年廉政公署成立之后，警察集团式腐败就成为其打击的最主要对象。据廉政公署的年度报告称在 20 世纪 70 年代中期，每个地区的警察分支机构都存在至少一个腐败集团[②]。直到 20 世纪 70 年代末期，ICAC 才彻底将集团犯罪铲除干净。

据一份报告称"1974 年开始，警察腐败的投诉率从 45%（1974）锐减到 30%（1984），继而到 13%（2002）"[③]。集团腐败已经成为过去式。而另外一个数据也表明"ICAC 在三年内侦办了政府内部所有的集团式腐败，共起诉了 247 名政府官员，其中包括 143 名警察官员"。进入到 20 世纪 80 年代后，ICAC 侦办案件中涉及警察腐败的数量已经开始出现下降趋势（详细数据见表 2-1）。

（2）政府部门的腐败得到有效遏制

在第二次世界大战之后，香港的腐败进入最为严重的时期。[④] 当时腐败已经泛滥于政府的各个层级之中。除了警察部门的集团式腐败之外，在其他部门也存在各种腐败，例如入境、运输、房屋、教育等各个政府部门[⑤]，这种严重的腐败一直持续到 20 世纪 70 年代。廉政公署成立后，打击政府部门腐败的力度不断加强。从数字上看，在 1974 年，

---

① CHEUNG T S, LAU C C. A profile of syndicate corruption in the police force. In Rance, P. L. Lee, Corruption and its control in Hong Kong: Situations up to the Late Seventies [M]. Hong Kong: Chinese University Press, 1981: 199-221.

② ICAC Annual Report 1977.

③ ICAC Annual Report 2002.

④ LETHBRIDGE H J. The emergence of bureaucratic corruption as a social problem in Hong Kong [J]. Journal of Oriental Studies, 1974.

⑤ LETHBRIDGE H J. The emergence of bureaucratic corruption as a social problem in Hong Kong [J]. Journal of Oriental Studies, 1974.

共计起诉 89 宗案例，占到起诉总数的 51%；而在 1975 年，数字急剧上升至 167 宗，占据起诉总量的 75%。

进入 20 世纪 80 年代之后，政府部门的腐败状况有所好转。因此从历年的起诉数字来看，整体进入下降趋势。实际上，政府部门的腐败一直是廉政公署打击的重点。因此，自 20 世纪 90 年代起政府部门的腐败都保持在一个相对较低的水平。

据廉政公署 2010 年的年度报告，在全年报告的 3427 宗案例中，政府有 689 宗案例，占到全部案例数的 20. 1%，这个数字相比于私营部门的 63. 6%的比例而言，是相对较低的。

（3）人事

经过四十余年的发展，廉政公署已经成长为一个具备娴熟办案技巧的专业性质的肃贪机构。从内部构成上看，ICAC 的职员人数已经较 1974 年增长了 2. 6 倍，从早期的 369 人发展到目前的 1321 人，且职员构成已经基本本土化 。然而，这个过程却充满波折。

1974 年香港廉政公署成立之初，机构威望尚未建立，很多人并不看好这个反贪机构，很多市民表示廉政公署想要肃贪成功基本上是“不可能完成的任务”，所以在招揽人才方面并不顺利。根据 1974 年香港的《工商晚报》记载，到 1974 年 2 月为止，虽然廉政公署收到了接近 5000 份申请，但合格的大概只有 1/4 左右。因此，在这种情况下廉政公署只能借助原有的警察系统的警务人员。廉政公署在成立的第一年内，执行处共有 255 名人员，其中 1/5 为前警察系统人员。而在执行处、防止贪污处和社区关系处三个部门 369 名工作人员中，有 1/3 都是来自警察系统。廉政公署的第一任专员姬达在上任后即采取向警察系统寻觅才德俱佳的人才的措施，之后他成功将警察系统的原侦缉处处长高级警司威利“挖”过来，出任廉政公署执行处助理处长。同时，还有百余名警队精干人员在得到政府及警队高层同意后调拨到廉政公署工作。这种调拨有点类似我们今天所谓的“转隶”。

人心不稳。在成立前几年，廉政公署经常发生跳槽事件。例如廉政公署防止贪污处主任鲍富达（Trevor Bedford）在上任后不久即辞职，公关主任列福也提出请辞等。

警察排斥。在缺乏专业人员的情况下，调拨警队人员是当时较好的一种选择。然而，就警察系统而言，他们当时的管理高层也不太情愿放人，因为这意味着在削弱其警队自身的“战斗力”。而作为警察本身，他们个人也对这种调拨工作非常排斥，主要原因是他们觉得新机构前途未卜，同时由于廉政公署不隶属政府，人员不属于公务员，因此较警队岗位缺少退休金和子女教育补助金等福利，且在合约期满后还会面临不被续约的可能，重返警队就十分困难了。这些对于当时调拨到廉政公署的警队人员而言，是不能安心工作的重要原因。

如何解决成立之初人心不稳的问题？如何协调来自不同机构背景的工作人员呢？廉政公署的解决思路着眼于独立性，即强化独立性从而增强吸引力。廉政公署在成立之初就致力于建立一个独立的反腐败机构。因此，为了确保独立性，它在四个方面予以强化：机构独立、人事独立、财政独立、办案独立。具体而言，从机构上，廉政公署是一个专门打击贪污的独立执法机构，不隶属于政府架构，不是政府下属部门。从人事上，廉政公署专员有完全的人事权，署内职员采用聘用制，不是公务员，不受公务员委员会管辖。这一点在成立之初也成为廉政公署人员招聘的障碍，尤其对于那些从警队调拨而来的警察。为了消除这些后顾之忧，也为了能够真正实现机构独立和人事独立，廉政公署在成立之初就受到充分的财政保障。廉署经费由香港最高行政长官批准后在政府预算中单列拨付，不受其他政府部门节制。自廉政公署成立至今，其财政经费都稳中有升。自20世纪90年代以来，尤其是到1997年回归之后，这种增长更加明显，从512万港币增长到705万港币（廉政公署的年度报告）。

廉政公署调拨警队精英人员主要是希望借助警队人员的专业办案能力，但调拨而来的警队人员由于长期在警队工作，接受的都是警队训练，他们在办案上已经形成较为成熟的技能和经验，这样与新招募来的工作人员在工作协调上有可能出现问题。鉴于此，廉政公署的解决思路主要是全力修订法律，制定统一的规范和标准。例如，根据《百里渠报告》的建议，当时的香港政府对《防止贿赂条例》做出多项修订，包括取消因财富与官职收入不相称而被调查的人士的七天陈词准备期，可以做出及时检控、调查期间可以冻结受查人资产、受查人必须交出旅游证件及罪名成立后可没收财产等。与此同时，廉政公署有《廉政公署条例》《防止贿赂条例》《选举（舞弊及非法行为）条例》等赋予的独立调查权，包括搜查、扣押、拘捕、审讯等，必要时亦可使用武力，而抗拒或妨碍调查者则属违法。这一做法使得新机构的工作人员完全依照新修订的法律进行规范运作，有章可循，化解因背景不同而产生的工作纠纷等。

5. 专业反腐败机构促进转型的四个特征

（1）专业机构：从隶属到独立

在20世纪50年代之前，香港并没有专门的反腐败机构，主要依靠传统的司法执行系统。专业反腐败机构的建立经历了一个复杂而漫长的过程。香港政府在1898年颁布了第一部反贿赂条例《行为处罚条例》。这条法例的执行主要由警察负责。换言之，打击贪污犯罪是当时警察的执法任务之一。之后，随着第二部反腐败条例《防止贪污条例》在1948年的颁布，香港政府在警察局内部的刑侦调查署成立了一个半独立机构——反贪污处。这是一个半独立机构，仿照于英国警察系统的模式，即将反腐败作为ACB的职能之一。但当时的现状是警察系统的腐败已经愈加严重。因此这个机构虽然设立，却很难发挥效力。

进入20世纪70年代之后，警察系统内部的集团式腐败日益严重。其中，总警司葛柏的贪污案件成为引爆民众对于腐败严重不满的导火索，继而影响到香港政府的统治。为了平复民怨、稳固统治，香港政府一方面在1971年颁布了《防止贿赂条例》；另一方面，在新加坡肃贪经验的基础之上，建立了新的机构：肃贪办公室，但是这个机构仍然隶属于警察局内部。之后，又进行了一系列基于机构的内部改革，但这些改革都成效不大。在1974年廉政公署建立之前的这些反腐败机构之所以一直未能有效肃贪的原因主要有两个：首先，肃贪机构都是隶属于警察系统内部的。警察机构体系庞杂，反腐败机构受到层级影响，权力分散；其次，警察系统的腐败是当时香港最为严重的系统性腐败。把反腐败机构置于警察系统内部，会触及警察自身利益，缺乏独立性。香港当时的总督麦理浩认为，只有建立一个脱离于警察系统的独立执法机构才有可能肃清当时复杂的警察系统腐败。正是基于这样的思路，廉政公署才从警察内部彻底分离出来。廉政公署的成立，一方面撇清了与腐败集团的交织关系，另一方面也因是一个崭新的机构而在成立之初就具有鲜明的专业性。从分散的隶属于警察系统的分支机构，革新为一个全新的专业的肃贪机构，这对于香港成功转型为一个廉洁社会奠定了重要的制度基础。

从最初的将贪污作为一种与其他犯罪行为无异的行为来处理，到后来逐步认识到腐败需要有专门的机构予以解决，继而发展到借助一个半独立的机构，最后彻底建立一个独立的专业机构，这一变迁反映出香港腐败治理思路的调整。其中，反腐败机构的重要作用逐步得到凸显。

香港的反腐败机构从隶属于警察系统内部发展为完全独立的执法机构，也表明了反腐败需要赋予反腐败机构独立的权力。缺乏独立的权力，反腐败会受制于复杂的层级隶属关系，削弱反腐效能。尤其当一个机构自身就存在腐败问题时，它更加难以有效发挥效力。因此，减少反腐败机构的层级隶属和权力束缚，有利于促进腐败治理。

（2）效率提升：从分权到集权

在廉政公署成立之前，隶属于警察系统的历届反腐败机构并未真正有效地完成打击腐败的工作。廉政公署设置后最为显著的变化就是反腐效率的提升。这种将反腐败的权力集中设置在一个专门机构产生出的高效反腐也是香港腐败治理的成功所在。

1974 年至 1977 年，共有 260 名警察被起诉，这一数字是廉政公署成立前四年案件的四倍。20 世纪 70 年代末期，廉政公署清除了所有的警察集团式腐败，使得警察集团腐败成为过去式。

廉政公署在建制上直接向中国香港特别行政区行政长官负责。它有 1200 多名建制职员，是世界最大的反腐败力量。虽然廉政公署完全由政府出资，但它的职员不受公务员事务局管制。与此同时，它的工作受到社会各界知名人士组成的各独立委员会的严密监督。

香港廉政公署自成立之初就以其“三管齐下”的肃贪策略而闻名。执行处、预防贪污处和社区关系处三个部门相互配合，实施完整的肃贪策略。这三个职能均由行政总部提供后勤服务。执行处规模最大，负责调查；防止贪污处审查政府部门和公共机构采纳的工作常规和程序以识别贪污机会，并提出如何杜绝的建议，私人组织也可寻求建议；社区关系处争取公众支持廉署的工作，教导公众认识腐败，同时它还负责监测社会对廉署的反应以及公众对待贪污的态度。

梳理香港廉政公署年度报告，警察官员的检控数字呈现出一种不断下降的趋势。警察系统性腐败和政府公务员贪污都得到有效遏制。

1980 年起，涉及私营部门的腐败案件数目逐渐增加，而涉及政府部门的个案数字逐渐下降。至 1982 年，私营部门涉及腐败的个案数（247 例）首次超过政府部门的个案数（126 例），此后一直如此。另外，从国际透明组织的清廉指数来看，香港也一直保持在 7 分以上，成为世界上少有的廉洁之都。

这些都表明，1974 年成立的廉政公署是具有较高效率的专业肃贪机构。之所以如此高效，其中最主要的原因在于廉政公署三位一体的功能设置。惩治、预防与教育的三种功能集于一体，分工明确，集中高效。这是一种较为明显的集权制度设置，将分散的功能与资源整合，从而将权力最大化配置。

（3）权威象征：从质疑到信仰

作为一个专业的反腐败机构，香港廉政公署在成立之初并未马上赢得市民的信任。总警司葛柏贪腐案件以及警察集团式腐败案件的成功处理，都为廉政公署赢得了民众的信任和认可，树立了权威和形象。

民众的支持对于廉政公署的工作以及整个廉洁改革的落地都提供了难得的促进作用。从 1970 年开始，民众对于政府肃贪的信心开始大增。从 1968 年的 38.1%的匿名举报比率上升为 1975 年的 61.2% 。

笔者的研究也表明，廉政公署作为专业的反腐败机构自建立以来，其逐步建立起专业、透明、高效的机构形象。这些赋予了其权威象征功能，这种象征性功能已经深入人心，成为香港社会廉洁的文化的基因所在。香港的经验表明，这种无形的权威象征功能对于腐败治理也是非常重要的。因为腐败治理机构作为重要的制度载体，其能否有效地落实制度，有赖于民众的观念支持。个人观念的改变是通过接受制度的象征性资源来获得的，而非直接感知到抽象的制度本身。香港的廉政公署之所以能够建构起这种权威性的象征功能，显然与其独立、专业的制度设计紧密有关。

（4）权力独立：从绝对到制约

香港廉政公署在建立之初所遵循的就是独立原则。在当时的麦理浩总督看来，它需要拥有独立的人事、财政和执法权力。这种被称为绝对独立的体制设计原则为廉政公署打下了深深的印记。具体而言，廉政公署的绝对独立包括四个方面。

首先，机构独立。廉政公署不隶属于任何一个政府部门，其最高官员“廉政专员”由香港最高行政长官直接任命。

其次，人事独立。廉政公署专员有完全的人事权，署内职员采用聘用制，不是公务员，不受公务员委员会管辖。第三，财政独立。廉政公署的年度报告显示，廉政公署作为中国香港的专门肃贪机构获得了有力的财政支持。第四，办案独立。廉政公署按照法律规定被赋予了独立调查权，使廉署从体制上切断了与可能形成掣肘的各部门的联系，从而令反贪肃贪“一查到底”成为可能。

这四个方面的独立权力，使得香港廉政公署的独立性得到实质性保障。但任何机构的权力都应受到有效的制约，尤其是作为监督权力的反腐败机构，否则很容易出现监督者自身的权力被滥用。

香港在 1992 年引入了《公民权利和政治权利国际公约》，并由立法会颁布了《中国香港人权法案》（以下简称《人权法案》）。《人权法案》的引入使得公众开始注意到廉政公署的权力是否过于不受限制从而有可能侵犯个人权利。面对公众的忧虑和质疑，香港政府在 1994 年 2 月委任了一个以苏海文博士为主席的独立权责检讨委员会，专责检讨廉署的权力和问责制度，并于年底呈交检讨报告书。这份检讨报告书“总共做出了 76 项结论和建议，范围包括：廉政公署的任务，获得资料的权力，搜查与检取；逮捕、扣留与保释；扣留旅行证件；将财产处置的限制；调查程序；调查的保密；查阅公共机构的资料；职员的委任、管理及终止聘用；问责制度以及廉署五个咨询委员会的架构与职责”①。

这次事件表明，在反腐败机构的制度设计中，自身权力的界定非常重要。反腐败机构需要集中权力才能最大效能配置资源，但自身权力的制约也是必要的。以香港廉政公署为例，在《人权法案》引入之前，其进行办案的权力只需受到香港最高行政长官的制约，但这一权力被认为不受限制而有可能会被滥用，甚至可能侵犯个人权利。因此在这次事件之后，廉政公署的搜查、逮捕等权力需要经过律政司授予。这样的改

① 引自香港廉政公署年度报告（1992）。

进实际是对廉政公署的权力进行了制度化的制约，防止其被滥用。

二、小结

从上述案例可以发现，反腐败机构的专业性建设是否能够有效发挥作用实际不仅仅取决于机构的建立，更为重要的在于反腐败机构与其他机构之间的权力划分、功能分配以及制度环境的配套等。

尤其在转型过程中，不同类型的反腐败机构发挥的作用都有所不同。以香港廉政公署为代表的专业反腐败机构在香港从腐败向廉洁的转变过程中发挥了重要的作用。具体表现在这一机构具有独立、专业、稳定的特性，通过各种防范措施有效减少了政府及公共服务部门腐败存在的机会，同时有效预防了私营企业腐败发生的可能。与此同时，这一专业机构模式实际也是一个多元的网络系统。与传统的肃贪模式不同，专业的反腐败机构模式强调多元网络（例如公民社会或其他主体）特质。香港廉政公署有效调动了社会民众参与反腐败的积极性，建立起有效的廉洁文化。这在艰难的“清廉转型”过程中显得弥足珍贵。虽然在清廉转型过程中，这种专业机构模式能够起到重要的支持作用，但也并不是万能的灵丹妙药。在转型过程中，专业的反腐败机构作用的有效发挥还有赖于配套制度的共同运作。

第四章

参与：有序且可持续的动力机制

世界范围内治理腐败的模式主要有两种：一是国家中心主义治理，二是社会中心主义治理。前者强调国家及政府拥有坚定的决心和信念，建立相应的反腐败制度（法律）及专业的反腐败机构；后者则强调社会公众的积极参与、合理的竞选、政府责任机制以及强有力的公民社会。① 在现实中，两种模式各有优劣，亦都存在相应的问题。基于此，约翰斯顿认为：对于腐败治理的理想模式而言需要建立一个社会行动联合体（social action coalitions）。该联合体强调两个方面的因素：既有领导者的坚定决心和意志，又有社会公众的积极参与。②

在社会中心主义理论框架下，国家与社会需要及时地沟通，国家需要对社会的诉求予以关注和回应，同时公民能够有广泛的政治参与机会。具体到腐败治理上，对腐败最为普遍的理解是“公共权力的滥用”③，公共权力是保障国家存在的必要条件，但当这种权力被滥用，

---

① JOHNSTON, M.（Ed.）Civil society and corruption：mobilizing for reform［M］. Washington, D. C. University Press of America, 2005.

② JOHNSTON, M.（Ed.）Civil society and corruption：mobilizing for reform［M］. Washington, D. C. University Press of America, 2005.

③ HEIDENHEIMER A J. Perspective on the Perception of Corruption, In A. J., Heidenheimer, etal., eds., Political Corruption：A Handbook［M］. New Brunswick：Transaction Publishers, 1989.

甚至没有约束的时候，腐败就发生了。已有文献表明，对于公共权力的约束来自两个方面，一方面是横向的内部约束机制，其诉诸的是权力主体之间相互制约和监督；另一方面是纵向的外部约束机制，其诉诸的是权利主体即公民社会对国家的监督和制约。国家中心主义视野下的腐败治理模式所强调的正是第一个方面的约束机制，其强调政治动员与制度设计的重要性。然而，这一治理模式存在两个弱点：一是对纵向的外部约束机制的忽略；二是对公民权和公民身份建设的忽视。① 上述两个弱点却正是社会中心主义最为强调和重视的。现有各国的历史表明，在从腐败到清廉的治理改革过程中，自上而下的制度建设固然重要，但保持和维系改革的动力问题却更为关键。社会中心主义模式下的社会监督正是为腐败治理改革提供持续动力的源头所在。因此，社会中心主义模式对于推动一个政体从腐败到清廉是有帮助的。

但上述这两种理论视角实际都是建立在西方国家与社会基础之上的经验概括与总结，对于大多数发展中国家而言，由于普遍面临社会转型的动态发展过程，因此，反腐败最大的难题，在于如何寻求到适用于本土政治现状的参与机制。

一、公民参与反腐败的机制

有关公民参与反腐败的机制探讨目前较为有限，针对发展中的转型国家的讨论就更加缺乏。在为数不多的研究中，有学者深入剖析了印度的“官员腐败调查法”个案，提出了三元复合反腐败模式。该模式认

① 李辉．超越国家中心主义：中国腐败治理的历史梳理［J］．文化纵横，2013（3）：56-62.

为在反腐败的制度建设中，有必要扩大参与主体的多元性。政府、社会精英无疑是反腐败制度建设中的重要主体，但社会大众的主体地位和参与作用也至关重要。在一定程度上，社会大众在反腐败制度建设中扮演了极为关键的角色，正是他们的参与构成了推动反腐败制度建设的驱动力。[①] 在政府与社会精英的互动中，社会大众是反腐败斗争中不可或缺的主体力量，在某种程度上决定着反腐败制度建设的兴衰。与此同时，在反腐败的制度建设中，政府、社会精英与社会大众之间形成某种良性互动、有效运作的格局。在这种互动中，尽管政府与社会精英处于此消彼长的状态，但社会大众则游离在其间，成为三方互动中的一个调节器，三者的互动亦是一个关系复杂、立体多面的动态平衡过程，三者之间存在某种共同认可和相互遵守的底线行为规范[②]。

公婷等人的研究也表明了民众参与反腐败非常重要。他们认为解决腐败问题不仅仅在于建立正式的制度，还在于集结"非正式的""社会参与的"力量。控制腐败需要调动全社会的力量，采取社会嵌入的方式来开展。[③] 社会嵌入式廉政治理是以两点为前提的：第一，社会整体上对腐败有较低的容忍度；第二，公众给予政府的廉政工作充分的支持，并且愿意参与反腐，如举报涉嫌腐败的案件等。[④]

从以上研究可以看出，虽然已有研究并不充分，但已经取得的共识

---

① 肖滨，黄迎虹．发展中国家反腐败制度建设的政治动力机制——基于印度制定"官员腐败调查法"的分析［J］．中国社会科学，2015（5）：125-144.

② 肖滨，黄迎虹．发展中国家反腐败制度建设的政治动力机制——基于印度制定"官员腐败调查法"的分析［J］．中国社会科学，2015（5）：125-144.

③ 公婷，肖汉宇，杨丽天晴．社会嵌入式廉政治理——香港的经验与启示［J］．复旦公共行政评论，2018（2）：114-138.

④ 公婷，肖汉宇，杨丽天晴．社会嵌入式廉政治理——香港的经验与启示［J］．复旦公共行政评论，2018（2）：114-138.

是社会参与指的是控制腐败应该汲取社会的力量、获得民众的支持，而不是单纯自上而下的运作①。同时，共识还强调这种社会参与的反腐败并不是单一发挥作用的，往往需要与自上而下的国家正式制度相互配合，才能实现有效的治理。

二、个案：基于社会的有序反腐败参与

香港就是有序进行社会反腐败参与的典型个案。然而，在以往的文献研究中，大部分学者更多地从制度借鉴与学习的视角来剖析香港个案。他们认为香港肃贪成功的原因在于坚定的政治决心与信念②；独立的专业肃贪机构——廉政公署（ICAC）③；以及香港的其他优势，例如人口规模较小④、经济总量较高⑤等。不可否认的是，香港模式不乏国家中心主义所强调的坚定的政治决心、强有力的制度建设；但除此之外，香港模式还拥有另外一个层面的内涵，即社会中心主义所强调的积极的社会参与。遗憾的是，已有的研究并没有将这个层面提升至特别重要的地位。作为世界少有的成功典范，香港模式的独特性就在于它不仅

---

① 公婷，肖汉宇，杨丽天晴．社会嵌入式廉政治理——香港的经验与启示［J］．复旦公共行政评论，2018（2）：114-138.

② QUAH J S. Comparing Anti corruption Measures in Asian Countries：Lessons to be Learnt［M］. Pagesetters Services PTE Limited，1999.

③ despeville B. Why do anti-corruption agencies fail? In UN Global Program against Corruption（GPAC），UNCICP，Implementation Tools，the Development of an Anti-corruption Tool Kit：Inputs for a United National Expert Group Meeting（not officially edited），Vienna：UN，2000.

④ QUAH J S. Comparing Anticorruption Measures in Asian Countries：Lessons to be Learnt，Pagesetters Services PTE Limited，1999.

⑤ QUAH J S. Controlling corruption in city-states：A comparative study of Hong Kong and Singapore［J］. Crime Law and Social Change，1995（22）.

仅是政府推行的腐败控制，还包括积极的社会参与。因此，本章旨在借助社会中心主义的分析框架来重新审视和挖掘香港腐败治理的成功经验，将长期被忽视的社会参与要素拉回学术视野中。

（一）市民参与的发端：从“难民”到“市民”（1974 年之前）

众多已有的共识都认为葛柏事件成为香港成立廉政公署的导火线，也开启了香港肃贪的新纪元。同时也有学者通过深入梳理葛柏事件，指出麦理浩起到了非常重要的作用。作为当时的政府首领，麦理浩坚定的肃贪决心促成了廉政公署的成立以及之后的强有力的肃贪治理[①]。不可否认，葛柏事件之后，政府的迅速而强有力的制度建设行为对香港的腐败治理起到了至关重要的作用。然而，较少文献注意到在当时的历史环境下，香港政府借助葛柏事件所开启的腐败治理大幕，并非只是源自政治领袖的政治意愿；相反，在某种程度上它恰恰是香港政府的一种被迫选择。葛柏事件爆发时，香港的市民主体已经是第二代移民，当时香港社会衍生出两种价值冲突[②]：其一是关于中国人的身份认同，矛头直指英国的殖民统治者；其二是关于社会阶级之间的社会不公的矛盾。这两种价值冲突导致了 20 世纪 60 年代一系列社会运动的爆发。其中最为著名的葛柏腐败案件被媒体曝光后，上述市民群体中的价值冲突被充分引爆。来自社会民众的强烈的不满转变为广泛的社会运动，这带来了香港政府的统治危机。正是在这样的历史背景下，香港政府才必须借助打击腐败赢得民心，缓解合法性危机。因此，葛柏事件促使正在兴起的社会

① YEP R. The Crusade against Corruption in Hong Kong in the 1970s：Governor MacLehose as a Zealous Reformer or Reluctant Hero？［J］. China Information，2013（27）.

② LO T W. Corruption and politics in Hong Kong and China［M］. Buckingham：Open University Press，1993.

力量积极参与到腐败治理当中。从这个意义上而言，香港的廉政公署的成立、香港肃贪新历史的开启，更多的是来自社会力量的促成。

（二）市民参与动机的保障：获得实质性好处（1975—1997）

在20世纪70年代末，廉政公署清除了所有的警察集团式腐败[①]，使得警察集团腐败成为过去式[②]。显然，香港廉政公署对于警察系统集团式腐败的根治就是赢得民众认可、获取广泛民意支持的重要举措。正是这种自上而下的肃贪决心使得民众对廉政公署产生认可和信任，从而能够开始积极参与举报腐败活动。

20世纪80年代后的香港进入工业化发展的快车道。随着经济的快速发展，廉洁而公平的商业环境成为香港社会的最大需求。正是在这样的历史背景下，廉政公署的侦办策略从公共部门逐渐转向私营部门。与之相伴的是香港也进入一个相对自由的发展时期。[③] 自由言论、结社权利以及司法独立、法治的充分保障都使得这个时期的市民社会充满活力。[④] 这个时期，市民对于腐败的容忍度愈加下降，积极参与举报。根据廉署接获的投诉案件的统计显示，自20世纪80年代初期开始，民众对于私营部门的腐败投诉案件不断增加并逐步超过政府部门的投诉。约翰斯顿[⑤]指出"腐败治理达到的最好状态就是有一个拥有广泛民意且能

① MANION M. Corruption by design: Bribery in Chinese enterprise licensing ［J］. Journal of Law, Economics and Organization, 1996 (12).

② Ambrose S. K. Lee 在廉政公署上的演讲，转引自：香港廉政公署网站.

③ LO T W. Corruption and politics in Hong Kong and China ［M］. Buckingham: Open University Press, 1993.

④ MA N. Civil society and democratization in Hong Kong paradox and duality ［J］. Taiwan Journal of Democracy, 2008 (4).

⑤ JOHNSTON M. A brief history of anticorruption agencies. In Anadreas, S., Larry D., Marc F. P. (Ed.) The self-restraining state: Power and accountability in new democracies ［M］. Boulder, Colo.: Lynne Rienner Publishers, 1999.

够持续支持政府反腐败的公民社会”。在民意支持下，自 20 世纪 80 年代起，香港的腐败治理进入一个崭新的纪元。

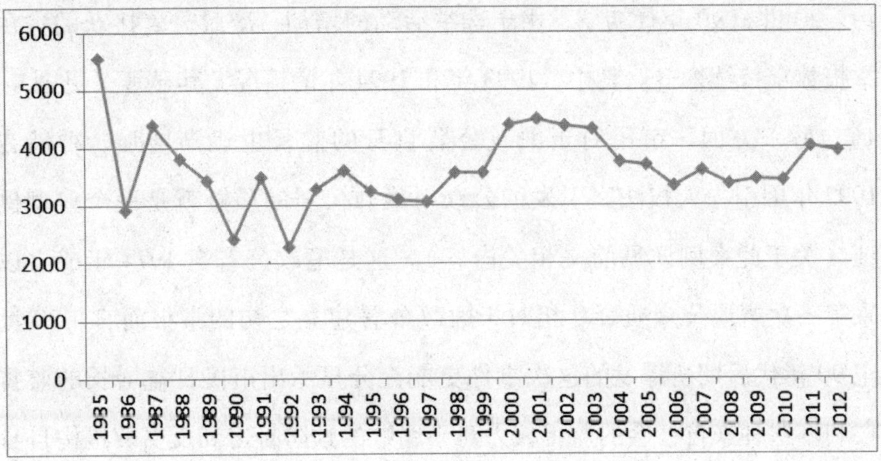

图 4-1　香港贪污举报数字统计（1985—2012）

进入 20 世纪 90 年代，也就是过渡期的后期，香港的政治环境发生了变化。诉求民主的政治选举活动（例如区议会选举）和政党活动开始出现，社会运动呈现出多元化格局，涉及人权、反对歧视、身份认同等各种主题[①]。在过渡期的后期，尤其是 20 世纪 90 年代初，更多地涌现出呼吁民主直选的政治性社会运动[②]。这些新的发展机遇都促使市民社会的力量不断壮大和增强。同时，在过渡期后期，出于对香港 1997

① KU A S. Postcolonial cultural trends in Hong Kong：Imagining the local，the national，and the global. In Chan，M. K. and So，A. Y.（Ed.）Crisis and Transformation in Chinas Hong Kong［M］. NY：M. E. Sharpe，2002：343-362.

② SO A Y. The transformation of social movements in Hong Kong after 1997，In Jeffrey Broadbent and Vicky Brockman（Ed.）. East Asian Social Movements：Power，Protest and Change［M］. New York：Springer，2011.

年回归之后的考虑，香港政府加快引入人权法案①。公众的民主意识和权利意识都随之提高。在这样的背景下，一方面，公民积极参与举报贪污。20世纪90年代初期，由于选举活动的增加，廉政公署接获的贪污举报数字持续攀升。其中，1993年和1994年的情况尤其显著（见图4-1）。另一方面，市民对于廉政公署自身的监督也逐渐增强。香港在1992年因引入人权法案引发的公众对廉政公署的质疑就是一个典型例证（关于此案例详见前文相关内容）。这是廉政公署自1974年成立以来第一次遭遇公众质疑。相对于廉政公署建立之初的举报而言，20世纪90年代后期所爆发的这次事件更能充分显示出市民日益增长的监督权利。这种来自社会的监督权力对于腐败的预防打击和反腐败机构自身的廉洁都起到了非常重要的作用。由于市民能够充分参与到举报、监督的行为中，因而香港的腐败治理呈现出典型的社会中心主义色彩。

回顾香港20世纪80年代到回归前整个腐败治理的进程，不难发现，无论是从公共部门向私营部门的转向，还是针对人权法案对于廉政公署权力的质疑，社会民众都表现出极大的参与热情。如果说早期在廉政公署成立之初集中根除集团式腐败的运动中，政治领导的坚定肃贪决心促使民众开始认可廉政公署，那么这之后的十几年时间内，民众还能一如既往地支持反腐败的原因就在于约翰斯顿所提及的民众参与的动力问题。约翰斯顿认为“民众需要原因和动机去维持他们的行动：他们必须要相信他们有义务减少腐败并从中得到好处”②。20世纪80年代正

① LO T W. Corruption and politics in Hong Kong and China［M］. Buckingham：Open University Press，1993.

② JOHNSTON M.（Ed.），Civil society and corruption：mobilizing for reform［M］. Wastington. D. CUniversity Press of America，2005.

是香港经历现代化转型且经济发展最为迅速的十年，香港一跃成为“亚洲四小龙”之一。这些快速发展的背后源于香港良好的经济投资环境：香港廉洁的公务员队伍和公平竞争的营商环境誉满全球。[①] 经济的快速增长充分落实到每一个公民身上，使其受益。研究表明当时民众普遍感到从反腐败中获得了实质性的好处。正是基于这样的好处才使得民众参与反腐败成为一种常态[②]。因此，只有真正让民众获得腐败治理成功所带来的实质性好处才能保证市民的持续参与。

（三）有序参与的核心内涵：廉洁文化成为基因（1997—2013）

1997年香港回归中国，香港在“一国两制”框架下实行高度自治。廉政公署在1997年回归之后，继续保持独立的专业特性，从向港督负责转变为向特首[③]负责。在人员构成与财政资金上都继续获得支持。另一方面，财政资金的数据也表明，廉政公署作为香港的专门肃贪机构获得了有力的财政支持。从廉署检控的统计数字上看，香港在1997年回归之后，无论是公营部门还是私营部门，整体上都没有较多的案例增长。但是，例外的年份发生在1997—1999年间，从1997年开始，廉署检控的数字开始增加，至2000年达到高峰值608例，其中涉及政府部门的个案为144例，涉及私营部门的则为455例；此后略有减少，但在2002年又有所增长。

一，随着利益冲突现象的增多，香港特区政府进一步强化了公务员

① 董建华．廉政公署25周年纪念的“献词”．廉政公署，1999.

② LO T W. Corruption and politics in Hong Kong and China［M］. Buckingham：Open University Press，1993.

③ 中国香港特别行政区行政长官（又称特区首长，亦可简称特首，Chief Executive，CE）。

事务局辖下的 ACPE 与 ICAC 的联合模式，一起防范和打击利益冲突。但廉政公署的年度报告也反映出仅仅依靠以廉政公署和 ACPE 为主的制度治理（hard rules）显得较为单薄。

从廉署接获的举报案例数目来看，从 1999 年到 2000 年间显示出较高的数字攀升。随着时间的推移，进入 2000 年之后，尤其是 2009 年以来，检控数和举报数也都有明显的攀升。以 2009 年为例，检控数达到 342 例，2010 年则增加到 393 例；而举报数 2009 年为 3450 例，2010 年减少为 3427 例，2011 年为 4010 例，2012 年为 3932 例。普通民众举报数的持续增长表明民众不能容忍新型腐败，同时对政府与廉政公署不能进行有效的管治表示不满。除此之外，市民在近年来还积极参与到各种反对贪腐和丑闻的社会运动中。相比 20 世纪 90 年代中后期的社会参与，近年来香港社会民众诉求的主题更加集中和鲜明。

这与香港的政经变化有密切的关系。在回归后的最初几年里，在中央政府的帮助下，香港虽然度过了金融危机，但经济衰退却一直持续发酵。香港人的低身份认同感以及深层次的社会发展焦虑感不断加剧。① 正是在这样的背景下，近年来针对反对贪腐问题的社会运动不断涌现，监督政府、批判贪腐问题的力度也不断增强。公众对于反腐问题的高度关注以及投身于公民运动表达不满的行为充分显示出香港民众作为重要的社会力量起到了监督公权力的作用。民众举报、媒体曝光、市民运动，这些正表明香港拥有充分的社会力量，进而能够对公共权力的滥用等腐败行为予以监督，这也正是依靠权利来监督权力

① SO A Y. The transformation of social movements in Hong Kong after 1997, In Jeffrey Broadbent and Vicky Brockman (Ed.). East Asian Social Movements: Power, Protest and Change [M]. New York: Springer, 2011.

的最好体现。

在整个过渡时期，香港的经济快速发展让市民真正从反腐败中获得了实质性好处，这是市民参与动机的重要保障。然而 1997 年回归之后，尤其是近年来香港贫富差距不断加大。公开数据显示，从 1971 年开始，香港地区的基尼系数不断上升。1971 年初，基尼系数为 0.43，1986 年至 1996 年，这一数值开始出现跳跃性增长，由 0.453 升至 0.518，随后增速放缓，直至 2012 年达到 0.537 的高位。社会不公等矛盾不断激化，市民所获得的实质性好处在减少。然而，市民的反腐败参与不仅没有中断，反而更加积极和多元。

利益冲突这种新形式的腐败近年来愈演愈烈，按照现有的香港法律却难以界定与侦办。香港的廉政公署以及政府相关部门陷入了一种制度困境。然而，由于香港市民已经培养起成熟的廉洁文化，社会参与的动力一直持续不断，因此其已经成为制度缺陷的重要弥补措施。成熟的市民文化、积极的社会参与，使得民众对于官员及公权力的监督成为一种自觉。显然，这恰恰是社会中心主义所强调的最为重要的内涵。

三、小结

在经济合作与发展组织（Organization for Economic Co-operation and Development）给治理腐败开出的药方中，强调腐败问题的治理主要依赖三种途径：建立有效的透明化的政治系统；强化打击腐败的行动；支持积极的公众参与。

在以往的研究中，香港模式的解读过多地聚焦于廉政公署这套独立的专业肃贪机构上。这造成一种误解：只要建立一个类似于 ICAC 的专业反腐败机构，腐败就能被成功治理了。本文通过对廉政公署的文本梳理与解读发现，香港模式不仅仅强调国家（政府）在腐败治理中的核心作用，更为重要的是它亦重视有序、合法、专业化、制度化的公众参与。这种集国家中心主义和社会中心主义于一身的独特模式才是香港腐败治理的精髓所在，这也正是约翰斯顿提出的社会行动联合体建构的内涵所指。

社会中心主义的腐败治理模式应该包含两方面的内涵："一是整个社会在道德风气上拥有抵制腐败行为的文化与观念；二是普通民众拥有参与反腐败的合理途径"①。上文的分析已经表明，早期的香港市民也视腐败为生活的一部分，认为关系和人情等传统文化势必会与腐败相伴相生。但是，经过葛柏事件、廉政公署大力打击贪污、对20世纪80年代经济发展所要求的廉洁环境的重视，香港市民的零容忍廉洁文化已经深入人心。市民观念的转变是伴随着社会政经环境的变化而发生的，是伴随日益成长和成熟的公民社会的发展而发生的。因此，这是香港社会能够长期保持廉洁的重要的社会文化基础；另一方面，普通民众参与反腐败拥有较为合理的途径。具体而言，这一途径分为两种：首先是公众拥有合法且制度化的举报渠道。廉政公署的统计数字显示出市民在举报贪污时不仅可以有通道而且有实名保护制度，这使得全社会都能够形成举报的良性循环。其次，公众有合法参与表达不满的制度渠道。无论是在早期的"反贪污，捉葛柏"事件中，还是在20世纪90年代对于廉政公署权力质疑的事件中，以及在

① 李辉．超越国家中心主义：中国腐败治理的历史梳理［J］．文化纵横，2013（3）：56-62.

近年来针对利益冲突的社会运动中，公众都能够通过合法的、有序的方式表达意见，参与监督公共权力。基于社会中心主义的腐败治理提供了一条社会监督公共权力的路径，因而使得这种体制外监督更加具有生命力和持久性。

第五章

价值：廉洁观念的塑造

新制度主义认为人类的行为需要在制度环境中予以理解。诺斯指出除正式制度外，非正式制度，即文化、观念、习俗等对于制度的落实与执行都非常重要[①]。制度的象征意义对获得民众支持，继而推动制度落实具有重要价值。任何试图通过建构正式制度来改变行为的努力都不可能成功，最终还是需要依靠个人的观念改变。实际上，个人观念的改变是通过接受制度的象征性资源来获得的，而非直接感知到抽象的制度本身。腐败治理机构所代表的象征性观念和文化对获得民众支持是非常重要的资源，因此必须予以重视。

尤其对于正在经历转型的国家而言，长期存续于转型国家内部的官僚制度、行政观念等因素，则常常与“低效率”“不作为”等情况联系起来，并没有形成优良的廉政文化。在外部制约不足或不充分的条件下，由廉政文化影响所形成的廉政心理就成为维持廉政制度建设的根本动力[②]。廉政文化包含了对廉政的价值、信念、行为规范等方面的多元评定。其中，基于价值观层面的构建一直是促进廉洁治理转型的重要因素。

---

① 诺思．制度、制度变迁与经济绩效［M］．杭行，译．上海：格致出版社，2008.

② 郭锐．转型国家的廉政困境、廉政变革及其启示［J］．理论探索，2018（2）：84-93.

一、廉洁价值观的构建

近年来，学界有一批研究开始转向主观指标的测量，他们认为主观测量可以对腐败现象进行更加完整和整体的评估[①]，这是一种自下而上的视角，能够反映出民众的偏好。顺着这个路径，学者和业界人士都开始重视基于微观层面理解腐败和治理腐败，例如公众对腐败行为的态度[②]。目前基于这个视角的研究主要集中在两个层面。其一是关于公众对于腐败的看法研究。这个领域又细分为两个具体的路径，一方面是关于公众对于腐败的感知（perception），它聚焦于公众如何理解和解释腐败[③]。例如有学者分析了在四个国家民众对于腐败的观感并与 CPI 指数做对比来解释差别。[④] 还有学者采用亚洲晴雨表调查数据，对非洲和拉丁美洲做了基于腐败观感的多元分析。另一方面是聚焦于民众对于腐败的态度以及反对腐败的倾向性研究。研究民众对于腐败的态度，是否可以容忍腐败，也就是在多大程度上民众可以接受腐败行为[⑤]。有学者做了关于腐败接受的调查，他发现尼泊尔不同的民众对于不同类型的腐败

---

① KROLL C, DELHEY J. A happy nation? Opportunities and challenges of using subjective indicators in policymaking［J］. Social Indicators Research, 2013 (114).

② MARGIT T. Why do people engage in corruption? The case of Estonia［J］. Social Forces, 2010 (88).

③ LAMBSDORFF J G. Causes and Consequences of Corruption: What Do We Know from A Cross-section of Countries? In Ackerman-Rose, S. Eds. International Handbook on the Economics of Corruption［M］. MA: Edward Elgar, 2006.

④ SELIGSON M A. The measurement and impact of corruption victimization: Survey evidence from Latin America［J］. World Development, 2006 (34).

⑤ LI H, GONG T, XIAO H. The Perception of Anti-corruption Efficacy in China: An Empirical Analysis［J］. Social Indicators Research, 2016 (125).

呈不同的态度。通常，他们会更容忍小规模的腐败，包括礼物馈赠等。[①] 基于实证数据，希腊民众倾向于接受介于一定程度腐败和经济利益之间的交换[②]。为了探索什么影响了腐败容忍程度，通过对中国香港大学生的调查分析，他们发现居民居住时间与腐败容忍程度成反比，居民在中国香港生活的时间越长，越会受到廉洁环境的影响，越少接受腐败行为。其二是关于民众对反腐败绩效的看法研究。[③] 这一领域的研究较少，主要有民众对政府打击腐败的观感以及他们对政府反腐败政治的效能评价。[④] 基于主观感受的研究拓宽了腐败研究的领域，将腐败现象这种社会行为与社会中的主体个人充分关联起来，因而能够更加全面整体地理解腐败及腐败治理现象。

当我们聚焦腐败向清廉的转型过程时，如何能够塑造、构建进而维系和巩固一套有效的廉洁价值观，从而促进清廉转型的完成，这成为实践中的重要思考议题。在已有转型成功的清廉国家（地区）中，不难发现中国香港成功塑造了一套基于“零容忍”的廉洁文化，它成为中国香港的一张城市形象名片，发挥了重要的价值引领与推动转型的作用。

---

① TRUEX R. Corruption attitudes and education：Survey evidence from Nepal［J］. World Development，2011（39）.

② KONSTANTINIDIS I，XEZONAKIS G. Sources of tolerance towards corrupted politicians in Greece：The role of trade offs and individual benefits［J］. Crime Law & Social Change，2013（60）.

③ GONGT，WANG S. Indicators and implications of zero tolerance of corruption：The case of Hong Kong［J］. Social Indicators Research，2013（113）.

④ LI H，GONG T，XIAO H. The Perception of Anti-corruption Efficacy in China：An Empirical Analysis［J］. Social Indicators Research，2016（125）.

二、个案：中国香港廉洁价值观的塑造与巩固

（一）20世纪70年代的香港：廉洁价值观的最初建构

20世纪六七十年代，腐败在香港是一种生活方式（way of life）。学者莱思布里奇在1985年的一项民意调查研究表明，1842年到1941年的香港市民将腐败视为一种司空见惯的生活习俗。更有学者发现，早在1850年，香港的警察腐败就已经非常普遍了。这种将腐败视为一种生活习俗或习惯的现象一直持续到20世纪70年代。战后香港的人口大部分是外来的难民而非真正的市民。这些难民的首要任务就是解决温饱问题。因此，他们非常遵守香港统治者的各种管治①。同时，香港统治者致力于发展经济，积累更多的资本。在这样的背景下，统治集团依靠“行政吸纳政治”② 的方式维护权力集团利益的同时亦借助司法审判等强制手段来实施犯罪管理③。因此，虽然当时腐败贪污现象严重，但民众并未产生不满与对抗。

进入20世纪60年代后，市民的构成发生了根本性的变化。第一代移民已经被新一代土生土长的市民所代替。④ 由于这些移民第二代深受西方教育的影响，因此他们更加重视自由和权利。这批新型的市民开始

---

① LO T W. Corruption and politics in Hong Kong and China［M］. Buckingham：Open University Press，1993.

② KING A Y C. Administrative absorption of politics of Hong Kong：Emphasis on the grass roots level［J］. Asian Survey，1975（15）.

③ LEE F L，CHAN J M. Activating support for social movements：the effect of the internet on public opinion toward social movements in Hong Kong［J］. Taiwan Journal of Democracy，2012，8（1）.

④ LO T W. Corruption and politics in Hong Kong and China［M］. Buckingham：Open University Press，1993.

反省自身的身份归属与社会权益。进入20世纪70年代之后，反对社会不公的街头运动也不断出现。在20世纪60年代到70年代一系列社会运动的冲击下，香港爆发了严重的统治危机。为了缓解危机，统治者开始从较为强制（coercive）的方法转为更加顺应民意的统治策略，而司法系统和媒体开始成为建构意识形态的重要工具。1974年ICAC的建立就是集中体现。一方面，作为执法机构，统治者借助ICAC对腐败进行强硬地打击；另一方面，统治者则依靠媒体来宣传肃贪机构打击腐败的正面形象。两方面的做法顺应民意，赢得了民众的认可和支持，使得统治集团度过了统治危机。这个时期媒体具有高度的权力依附性，成为统治集团建构廉洁意识形态的重要工具。

（二）过渡时期：廉洁价值观的强化

香港廉洁价值观的强化主要来源于两个方面：其一为廉政公署；其二为媒体。

1. 廉政公署的廉洁象征作用

随着廉政公署的建立，其对公众的廉洁教育不断深入。经过多年来持续不断的廉政教育，公众已经逐渐形成了“零容忍”的廉洁观念。据廉政公署公布的年度调查显示，公众对腐败持有较强的厌恶感，同时公众相信廉洁社会对于香港的长远发展具有重要意义。其中2012年的调查报告显示，有99.2%的受访者认为保持香港社会的廉洁将会有益于香港吸引外资，带来各种经济收益。同时，2011年的年度调查显示，1500名随机受访者中，约有80%的人对于腐败持“零容忍”态度。而从另外一个数据也可以看出，自2001年首次进行相关调查以来，香港市民对于腐败的容忍度平均分为0.7（0代表完全不能容忍腐败，10代表完全可以容忍腐败）（详见表 5-1）。香港的个案表明公民参与是反腐败的重要组成部分，零容忍的腐败文化或信仰则能转变为公民举报行动的坚强决心。

表 5-1 香港市民的腐败容忍度

香港市民的腐败容忍度（年份）	2007	2008	2009	2010	2011
平均分数		-	-	1.3	0.7
平均分数（对于政府腐败的容忍度）	0.9	0.8	1.1	-	-
平均分数（对于商业部门的容忍度）	1.5	1.4	1.6	-	-

廉政公署自 1974 年成立以来，一直作为香港的核心价值为民众所认同和支持。近年来，香港高层官员涉及利益冲突的丑闻不断增多，引起社会公众的广泛关注。检控数字和举报数字亦都有明显的攀升。普通民众举报数字的持续增长表明民众对于新型腐败的零容忍。正是在这样的背景下，从民众的主观评价视角来观察当下的廉政公署能反映出民意对于腐败治理的影响。本章的数据分析显示：中国香港的廉政公署，作为一套具有重要象征意义的肃贪机构，对凝聚民意起到了重要的作用。

根据已有研究①，受访者对于香港廉政公署（ICAC）的评价主要集中于有效性与独立性②。具体而言，关于 ICAC 现状的 8 个问题，主

① LI L. Senior Officials' Corruption-Related Malpractice in Hong Kong after 1997［D］. PhD Thesis, City University of Hong Kong, 2014.

② 李莉．政治精英眼中的廉政公署——基于香港区议员的调查［J］．公共行政评论，2016（3）：108-124. 该调查采用邮寄问卷调查的方法，在 6 个月的时间内共发放了 4 轮，最后回收了 169 份问卷，其中 148 份有效问卷。

要用于测量受访议员对于 ICAC 预防、打击、教育三管齐下的肃贪策略即有效性评价以及 ICAC 独立性的主观评价（图 5-1）。受访者对于 ICAC 的有效性评价测量具体包括如下 5 个问题：①ICAC 能够有效打击商界的贪污。②ICAC 能够有效打击公务员的贪污。③ICAC 能够有效打击高官的贪污。④ICAC 提倡廉洁的小区教育工作有效。⑤ICAC 预防贪污的工作有效。受访者对于 ICAC 的独立性评价测量具体包括如下 3 个问题：①ICAC 的行动受到特首的影响。②ICAC 绝对独立，不受任何因素影响。③因为有 ICAC，香港的官员不敢为所欲为。

首先，前三个问题都是关于受访议员对于 ICAC 打击贪污的效果的评价调查，依次是关于 ICAC 有效打击商界（M=7.38）、公务员（M=7.74）和高层官员（M=7.33）的效果。受访者对于 ICAC 是否有效打击这三个领域的贪污都给予较高的肯定性评价，平均分数均在 7 分以上。其中，对于 ICAC 有效打击公务员贪污的评价最高，有 92.5%的受访议员认为“ICAC 能够有效打击公务员的贪污”，平均分为 7.74。再根据受访议员的背景因素变量来看，受访议员对于上述三个问题的看法在不同年龄、性别、教育程度、宗教信仰和职业方面中没有显著性的差别。针对 ICAC 的执法能力的认可，不同归属的议员都表示了较高的赞成。但建制派议员的分值最高，在三个相关问题上分别为 M=7.73、M=8.00 和 M=7.88，泛民主派的议员和独立人士的分值略低。

其次，对于 ICAC 的预防、教育职能有效性的评价也获得较高分数。其中，84.4%的议员都同意“ICAC 提倡廉洁的小区教育工作有效”（M=7.04）；84.8%的议员同意“ICAC 预防贪污的工作有效”（M=7.09）。

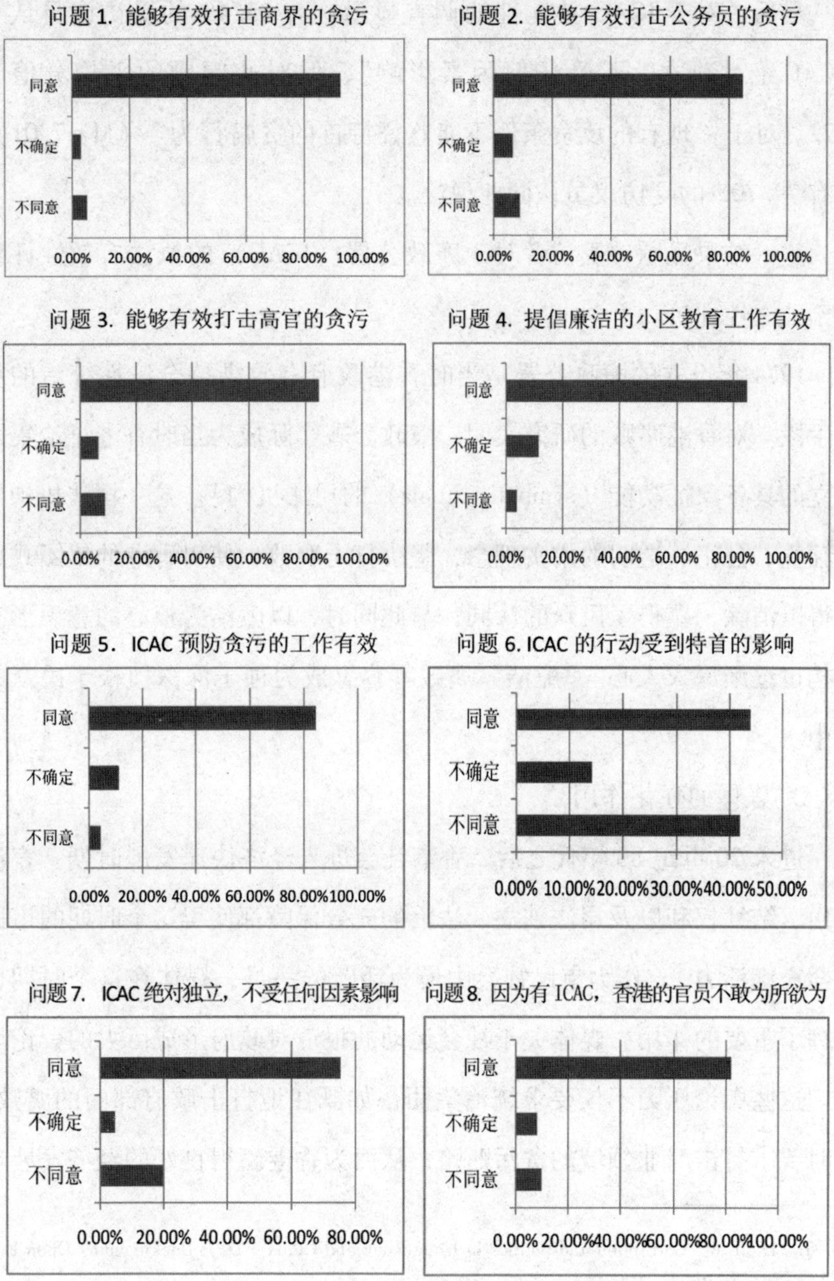

图 5-1　对于廉政公署现状的评价

最后，对于ICAC独立性的调查显示，有75.4%的受访议员认为“ICAC绝对独立，不受任何因素影响”，但对此问题的平均分值为6.72。对于“现有的反贪条例不能监督特首的贪腐行为”（M=7.01），则有79.70%的受访议员认同此说法。

这一结果显示，受访者对于廉政公署（ICAC）的执法有效性评价高于独立性评价。

1974年设立的廉政公署是当时香港政府有效维持合法性统治的重要手段。对香港腐败的研究表明，廉政公署实际成为当时香港统治集团建立的具备象征功能（symbolic rituals）的司法机构①。这一司法机构秉承独立、公正、透明的肃贪理念，坚决打击腐败，使得香港的集团式腐败得以消除，赢得了民众的认同；与此同时，以廉洁为核心的意识形态建构也逐渐深入人心。“廉洁”腐败零容忍成为种子深深植根于民众的心中。

2. 媒体的强化作用

进入20世纪80年代之后，香港社会进入经济快速发展时期。言论自由、结社权利以及司法独立、法治的充分保障都使得这个时期的市民社会充满活力②。作为市民社会中最为活跃的一员，媒体在这个时期也发挥了重要的作用。媒体关于社会运动的报道对政府形成巨大的舆论压力。这些舆论压力不仅要求统治集团一如既往地打击政府部门的腐败，同时要求打击商业领域的贪污贿赂，从而为香港赢得良好的经济发展环

---

① LO T W. Corruption and politics in Hong Kong and China [D]. Buckingham: Open University Press, 1993.

② MA N. Civil society and democratization in Hong Kong paradox and duality [J]. Taiwan Journal of Democracy, 2008 (4).

境。由此，香港政府不仅继续借助媒体和司法系统强化了ICAC打击公共部门腐败的正面形象，同时还进一步打击了商业部门的贪污。因此，这个时期媒体和司法系统建构的法治、廉洁的意识形态让市民从谴责贪污中获得了实质性的好处，从而成功化解了当时香港统治者面临的统治危机①。

1984年中英联合公报发表之后到1997年香港回归之前的这15年时间，香港进入过渡时期。在过渡期内，香港的最大变化就是出现中英二元权力结构。虽然两个权力结构的出现，使媒体的政治意识形态发生了变化，但总体上并未影响到社会媒体对腐败监督。相反，还促进了廉洁这一意识形态的进一步强化。

本研究的样本来源于1998年1月1日到2012年12月31日这15年的媒体报道。然后从中进行抽样，最后获得450份报道，其中《大公报》131份，《明报》167份，《东方日报》152份。

关于ICAC报道的主题分布统计显示，媒体关于具体部门的贪污案例的报道占据的比例最高。其中《大公报》34.4%，《明报》24.8%，《东方日报》19.7%。具体细分又会发现，三份报纸对于不同部门贪污案例的报道数量存在差别。其中，关于私营部门贪污案例的报道，《大公报》的数量最多，达到25篇，占其总报道量的19.1%；《明报》有20篇，占其总报道量的11.3%；《东方日报》有10篇，占其总报道量的6.6%。其次是关于政府部门贪污案例的报道，《大公报》有20篇，占其总报道量的15.3%；《明报》有20篇，

① LO T W. Corruption and politics in Hong Kong and China [M]. Buckingham: Open University Press, 1993.

占其总报道量的 11.3%；《东方日报》有 20 篇，占其总报道量的 12.7%。

除上述案例报道之外，第二个重要的主题就是针对 ICAC 的执法公正与高效的报道。统计显示，三份报纸对此主题的报道数量和比例依次为《大公报》23 篇（17.6%）、《明报》23 篇（13.8%）和《东方日报》21 篇（13.3%）。

第三个主题是 ICAC 的社区教育。相对于前两个主题而言，三份报纸的报道数量都较少。《东方日报》报道数量仅有 2 篇（1.3%），《大公报》报道 8 篇（6.1%）；《明报》有 10 篇（6.0%）。

第四个主题是针对 ICAC 的负面报道。这一主题下包括三个类目，其一，ICAC 受到质疑和指责。《大公报》的报道较少，仅有 2 篇，《明报》则有 24 篇；《东方日报》有 18 篇。其二，ICAC 权力过大。《大公报》4 篇，《明报》11 篇，《东方日报》9 篇。其三，ICAC 受到特首的影响。《大公报》0 篇，《明报》3 篇，《东方日报》2 篇。这一结果显示出，针对 ICAC 的负面形象的报道，三份报纸的报道分布呈现出如下特点：《大公报》报道数量最少，甚至在一些主题报道中并未发声；而《明报》与《东方日报》在数量上接近，与《大公报》呈现两极状态。

上述分析可以看出，占据三份报纸报道总量最多的是针对前三个主题的报道：具体案件报道（115 篇）、执法公正高效的报道（67 篇）和社区教育报道（20 篇）。这一结果显示：首先，三份报纸所代表的政治属性不同，但它们都对 ICAC 的报道较为全面和充分。尤其是针对 ICAC 侦办贪污案件以及 ICAC 执法公正高效的报道都表明 ICAC 背后所代表的廉洁的意识形态在香港社会根基深厚，深得民心。其次，针对

ICAC 负面报道的主题分析表明，近年来媒体对于 ICAC 的报道呈现分化态势。例如对于 ICAC 作为专业肃贪机构独立性的质疑体现在报道主题“ICAC 受到特首的影响”（《大公报》0 篇；《明报》3 篇；《东方日报》2 篇），虽然关于这一类目的报道数量总计只有 5 篇，但从分布上来看，专业属性的《明报》与市场性质的《东方日报》均有报道，而《大公报》却没有相关报道。

由此可以看出，市场报纸在揭露和批判政府高层官员的贪污问题上发挥了日益重要的作用。这在访谈中也有议员表示认同。

> 我觉得是传媒的监管力强了，即香港传媒的机制是监察很强，其实传媒是监察官员的一个好的管道、一个平台，我觉得是传媒深入了，市民对这些也关注多了，所以在这样的透明的机制下，事情变得越来越公开。[①]

> 我们的廉政并不是靠廉政公署一个，而传媒和市民监察都是其中的一个部分。[②]。

媒体是市民社会重要的组成部分。媒体通过意识形态的建构获得民众的认可从而实现合法性功能。由于媒介的广泛报道，市民才得以获得信息，进而才能参与到公民运动中表达不满。另一方面，由于市民社会本身就是强调通过监督等手段平衡国家与社会之间的权力关系。在香港

① 引自访谈对象访谈记录 2012003。
② 引自访谈对象访谈记录 2012005

社会，市民力量迅速崛起。媒体作为其中的重要组成部分，实际上不可避免地会扮演重要的监督角色。通过媒介的监督，各种官员的丑闻得以曝光，从而促进公民运动的不断深入发展。这一观点也获得了受访者的支持。

三、小结

本章的数据分析表明，腐败治理机构作为重要的制度载体，其能否有效地落实制度，有赖于民众的观念支持。

在上述对于香港个案的分析中，我们发现，民众对于廉政公署的评价实际反映的是其观念的变化。由于近年来香港社会的政治化趋向明显，社会矛盾尖锐，加之高层官员的负面报道增多，这都对民众的观念产生重要影响。当民众的观念产生变化时，他们对于制度的评价就有可能随之改变。本章的调查数据就是最好的例证。其中，民众对于廉政公署的独立性评价低于有效性评价，更是近年来民众对高层官员丑闻的直接反应。

其次，本章的研究表明制度的象征意义对于获得民众支持，继而推动制度落实具有重要价值。任何试图通过建构正式制度来引起行为改变的努力都不可能成功，因为最终还是需要依靠个人观念的改变。实际上，个人观念的改变是通过接受制度的象征性资源来获得的，而非直接感知到抽象的制度本身。那么，香港廉政公署近年来的变化实际并不是机构本身发生变化，而是其所代表的廉洁、独立的象征性观念受到质疑和挑战。这一研究发现对于我们的启示在于，腐败治理机构所代表的象征性观念和文化对于获得民众支持是非常重要的资源，因此必须予以重视。

在治理腐败的过程中，正式制度的建设是必不可少的，它能保证稳定性与持续性；另一方面，与正式制度相配套的一系列非正式制度，例如民众的廉洁文化、观念等也需要与之对应。否则，制度的落实就有可能遭遇瓶颈。中国香港的个案展示了一个良好的腐败治理制度在面临社会政经变化的背景下，依然会遭遇正式制度与非正式制度之间的缝隙问题。廉政公署自 1974 年成立以来所树立起来的高效、独立的机构形象已经深入人心。民众对于廉政公署的有效性及独立性的认知会深深影响其对腐败现状的看法。

本章通过实证调查发现，中国香港的廉政治理不仅仅是廉政公署这个肃贪机构本身在发挥作用，还包括民众发挥的作用。制度如果不能得到民众的认可和支持，其落实与执行都是非常困难的。中国香港模式的成功很大程度上源于腐败治理的正式制度（廉政公署等）与非正式制度（民众的观念）的配套。而本研究的发现则又揭示出，任何制度都不可能是一劳永逸的，当民众的观念发生变化时，如果配套的制度（机构）不能及时回应这种变化，那么腐败治理就会陷入瓶颈。中国香港近年来的表现正是如此。因此，在反腐败过程中，一方面要确保制度建设，从而有效保证腐败治理的可持续发展；另一方面，要重视民众的主观评价进而掌握民众的观念变化动态，从而为制度的落实与可持续发展提供配套。这一发现对于当下我国的反腐倡廉工作具有较强的借鉴意义。

第六章

巩固：应对新问题与新挑战

通过梳理近年来全球腐败与反腐败状况，不难发现，从腐败问题来看，世界各国面临的挑战性问题日益增多。这些新问题包括：腐败形式更加隐蔽，腐败手段更加科技化，利益冲突、延后利益等与其他问题交织的腐败问题等。

对于新型腐败，是否还可以采用传统的治理手段面临争议。这其中，也不乏一些有意义的尝试和探索。本质上，腐败的变化是随着世界政治、经济等宏观制度的变化而产生的，因此，对于新变化的应对，也使得腐败治理需要拓宽新的思路，在手段和机制上与时俱进。

一、利益冲突及其监管

世界各国的经验表明，利益冲突是近年来开始出现的新型腐败问题。这类腐败问题不以直接的现金交易为形式，交易双方更加隐蔽，不易发现。

（一）利益冲突：概念复杂、甄别困难

利益冲突的定义至今难以统一界定，但学者们对于利益冲突的理解

无外乎以下三个方面：首先，利益冲突是一个与腐败密切相关的概念[①]。其次，利益冲突实际涉及的是私人利益与公共利益的冲突。最后，利益冲突有可能发展成为腐败。当一个公职人员以牺牲公职为代价去换取私人利益时就有可能将这种利益冲突转变为腐败。[②]

王瑶和巨亚男在《利益冲突管理研究评述》中指出利益冲突存在三种定义：第一，从个人利益与公共利益发生冲突的角度来看，利益冲突是政府人员的私人利益干扰了他为公众谋求公共利益[③]；第二，利益冲突是公职人员的私人利益与其公共职位所应尽的公共责任和义务之间的冲突[④]；第三，利益冲突的发生在于逻辑主体是公职人员的同时还担当了其他的私人角色，比如父亲、丈夫或者是朋友等社会角色[⑤]。不难看出，上述这些定义本质上更多的还是一种描述，难以概括出利益冲突的复杂性。

斯塔克指出，利益冲突及其管治之所以复杂就在于：一方面，人们往往试图寻求一种客观的标准去理解利益冲突；另一方面，人们又无法避免对于“利益”的主观性判断。这种客观与主观之间的落差就常常会引起一个社会对于利益冲突管治的理念冲突。[⑥] 据研究表明，每当涉

① GONG T, WANG S. Indicators and implications of zero tolerance of corruption: The case of Hong Kong [J]. Social Indicators Research, 2013 (113).

② GONG T, WANG S. Indicators and implications of zero tolerance of corruption: The case of Hong Kong [J]. Social Indicators Research, 2013 (113).

③ 王瑶，巨亚男．利益冲突管理研究评述［J］．中国集体经济，2013（4）：85-86. 胡琴．论政府利益及其冲突治理［J］．行政与法，2002（10）：16-18.

④ SEUMAS M, PETER R, EDWARD S, etc. Corruption and Anti- Corruption: An Applied Philosophical Approach [M]. N. J.: Pearson/Prentice Hall, 2005.

⑤ 库珀．行政伦理学：实现行政责任的途径［M］．张秀琴，译．北京：中国人民大学出版社，2001.

⑥ STARK A. Conflict of interest in American public life [M]. Cambridge: Harvard University Press, 2000.

及利益冲突的丑闻曝光时，公众总是希望政府能够出台更加严厉的法律法规加以管制。[①] 但事实上，政府创建的新规范与公众的预期总是会出现落差。真正造成这种主观与客观落差的原因是利益冲突并不能简单地被定义为一种腐败行为。利益冲突与腐败之间有着非常紧密的关联，但却并不能完全等同。正如研究表明，利益冲突有可能发展为腐败，但并非直接等同于腐败。利益冲突的内涵实际上是对公职人员的素质和行政伦理提出了更高的要求。[②] 因为在很多情况下，通过法律条文并不能穷尽利益冲突的各种行为，这显然需要依靠具备较高行政伦理的公职人员能够正确区分公私界限，避免利益冲突的发生。

（二）个案：中国香港的双机构合力模式[③]

利益冲突在各国都普遍存在。然而，在东亚各国，利益冲突由于与复杂的社会关系网络、人情文化交织在一起更显得难以甄别与有效治理。其中，同属于东亚文化圈的中国香港也同样面临复杂的利益冲突现象。

自 20 世纪 90 年代初期开始，随着政府允许高层官员相对自由地向私营机构流动，利益冲突现象开始在香港的高层公务员中出现，高级公务员退休之后的工作应聘现象屡见不鲜。例如在 1997 年就有 70 名前政府高级公务员申请建立顾问（咨询）公司。1997 年回归之后中国香港的政经环境的变化导致公务员人员构成和管理也产生了相应的变化。本

---

① ATKINSON, M. M., Bierling, G. Politicians, the public and political ethics: Worlds apart [J]. Canadian Journal of Political Science, 2005 (38).

② GONG T, WANG S. Indicators and implications of zero tolerance of corruption: The case of Hong Kong [J]. Social Indicators Research, 2013 (113).

③ 李莉．廉实力建设与利益冲突管理：香港个案的启示［J］．廉政文化研究，2016. 01.

土的高层公务员在退休后会倾向于受雇于私营机构，这使得公务员退休管理面临很大的挑战。与此同时，第一任“特首”来自商界，他致力于推行以私有化为导向的新公共管理变革。与之相对应的正是两种最为典型的利益冲突形式：其一是延后利益，即公职人员在退休或离任之后去私营机构工作以换取曾经在担任公职时交换利益获得的好处；其二是在私有化运动下，公职人员利用公共服务外包或其他机会寻求私人利益。其中，最为典型的形式就是“延后利益”（deterred interest），即高层公务员在退休之后受聘于私营机构有可能引发的延后利益冲突。这方面的案例自 1998 年之后一直不断（见表 6-1）。其中，最为著名的案例就是 2008 年发生的梁展文事件。

表 6-1 被媒体曝光的“延后利益冲突”案件列表

年份	案例
1995	前警署专员辞职后立即受聘于安保公司
1995	至少有 6 位高级公务员退休后受聘于私营部门①
2005	前高级公务员张某涉嫌为其所在的私营公司进行政府游说从而获得与政府签约②

梁展文（Leung Chin-man JP ）是特区政府一名已退休的高级公务

① YEUNG C. Former police chief drops Cheung Kong post ［N］. South China Morning Post, 1995-05-16.

② CHUNG E. Letter to Secretary-General, Legislative Council, 25 November. LC Paper No. CB（1）548/04-05（01）, 25 December

员。其于1966年10月进入政府工作，在1976年10月加入政务主任职系，并曾担任多个职位；在1999年8月至2002年6月任职屋宇署署长；在2002年7月至2006年1月任职房屋及规划地政局常任秘书长（房屋）/房屋署署长。2006年1月开始退休之前的离职前休假，直至2007年1月。在2006年9月至2007年11月期间，梁展文曾先后提出4项离职后从事工作的申请，全部获公务员事务局局长批准。

2008年8月1日，新世界中国地产有限公司（下称“新世界中国地产”）宣布，由该日起委聘梁展文先生为该公司的执行董事及副董事总经理。该项宣布引起公众争议。引起公众哗然的原因在于新世界中国地产是新世界发展有限公司（下称“新世界发展”）的附属公司，而新世界发展旗下另一附属公司新创建集团有限公司（下称“新创建”），拥有添星发展有限公司（下称“添星发展”）50%的股权。添星发展是红湾半岛私人机构参建居屋计划（下称“私人参建计划”）发展项目的发展商。由于政府在2002年推出重新定位的房屋政策，其中包括停建及停售“居者有其屋”计划单位，以及终止私人参建计划，因此该发展项目下的单位需作处理。香港政府在2003年以8亿6400万元的契约修订补价款额，将这个位于市区林海地段，共有2470个单位的红湾半岛私人参建计划项目售予添星发展，让其在公开市场出售有关单位。而梁展文在1999年8月至2006年1月期间曾参与制定或执行的重大房屋或土地政策及根据该等政策作出的决定，包括处理红湾半岛私人参建计划单位等。这其中是否存在利益输送和官商勾结成为公众质疑的焦点问题。

由于事件关系到高层公务员，影响到中国香港特区政府的廉洁形象，因此中国香港特区第四届立法委员会第四届立法会（2008.10—2012.09）于2008年12月10日通过决议委任专责委员会，调查梁展文离职后从事工作及相关的事宜。最终，该委员会的报告对此事件做出了以下结论：①梁展文先生在处理红湾半岛单位的过程中，有深入和直接地参与，并担当主导及统筹者的角色。②红湾半岛发展项目是由新世界中国的母公司旗下附属公司拥有的公司运营，而附属公司的业务利益与母公司的业务利益是分不开的。梁展文受聘到新世界中国地产工作，显然有利益冲突的问题存在。因此，梁展文接受聘任到新世界中国地产工作是不恰当的。③梁展文先生向公务员事务局提出到新世界中国地产工作的申请没有尽其责任，坦诚地提供与其申请有关的所有资料，亦没有持守《公务员良好行为指南》所载的公务员在离职后从事工作时应秉持的良好行为。梁展文的行为不符前任高官应有的操守，足以影响公务员队伍的声誉。④参与处理梁展文先生申请的官员，大部分均采取狭窄的角度考虑该申请，没有全面考虑公务员事务局通告第10/2005号所载列的6项评审准则，并对评审准则各有不同理解。他们处理有关申请所采取的方法不一，手法粗糙，态度有欠认真及过分依赖信誉制度。

上述案例说明高层官员在退休或离任后从事私营部门工作确实会引发公众关注，其焦点就在于是否存在“延后利益”。梁展文的案例显示出，虽然对于高层官员退休后到私营机构工作需要提出申请，但对于如何界定是否存在“利益冲突”，相关的审批机构在理解和界定时会存在较大的主观性，这直接导致监管制度存在漏洞。在这个案例中，香港立法会专门调查委员会的调查报告指出，公务员事务局在批审梁展文的申请时采取“狭窄的角度”考虑该申请，但狭窄与宽泛的角度在操作层面上是很难具体量化的。因此，这个案例显示出“利益冲突”作为一种新型的腐败形式，其具有独有的特征。相比于传统的贿赂等腐败形式，利益冲突更加具有隐蔽性和潜在性：它介于一个灰色地带，不易于根据法律检控，尤其难以用法律条文去制裁。由于这种潜在的利益冲突很难取证，所以即便公众质疑其有延后利益，但仅限于政府进行相关政策的检讨和改进，而无法从法律上进行任何制裁。另一方面，难以利用法律进行制裁的这种灰色特性也使得利益冲突往往会引发民众的极大不满。这也就是斯塔克提出的管治困境所在。在这个案例中，梁展文的申请符合程序，获得批准，但却遭受民众的极大质疑和不满。这种客观与主观之间的落差引起对于利益冲突管治的理念冲突。究其原因就在于利益冲突并不能简单地被定义为一种腐败行为。虽然梁展文没有受到法律制裁，但这个案件却使香港将利益冲突的管理提升至更加重要的地位。正如立法会调查报告所指出：“首长级公务员离职后从事工作涉及公众利益，因为此事关乎公众对公务员队伍的信任和信心。保障公众利益应是审核离职后从事工作的申请的首要考虑因素，但亦应在保障公众利益与个人就业权利之间求取平衡。”这种理念一直贯穿在中国香港的利益冲突管理逻辑之中。

1. 中国香港离职公务员就业申请咨询委员会（ACPE）

香港管理利益冲突的思路和模式借鉴于英国。香港直接仿照了英国的商业任职咨询委员会（the Advisory Committee on Business Appointments，

ACoBA)[①]，于1987年10月建立了独立的离职公务员就业申请咨询委员会（Advisory Committee on Post-retirement Employment of Civil Servants，ACPE)[②]。ACPE专门为政府提供"规管公务员在停止职务后从事外间工作政策""旨在确保正值离职前休假的公务员或已离职的前公务员，不会在政府以外从事可能与其以往政府职务有实际或潜在利益冲突"。但香港与英国又有所不同，除了都有相似功能的专门委员会之外，香港处理利益冲突的手段还借助于专业的肃贪机构——廉政公署。香港的廉政公署自从1974年打击政府腐败以来，成绩显著，因此深得人心。公务员事务局辖下的ACPE与廉政公署的联合模式成为香港目前预防和治理利益冲突的管理模式。

自2006年之后，香港引入了英国的评价规则，将公务员按照级别不同分别规定不同长度的"冷河期"（管制期）。不同级别的公务员的管制期长度不同[③]（见表6-2）。对于最高级别的公务员（D8）的管制期是离职或退休后三年。D8以下的公务员的管制期则是两年。但这其中又会有具体的差别。例如级别在D4之上的需要12个月管制期，而级别在D4以下的则需要6个月。

① SCOTT I, LEUNG J Y. Managing integrity: the regulation of post public employment in Britain and Hong Kong［J］. Public Organization Review, 2008 (8).

② 退休公务员就业申请咨询委员会已改称"离职公务员就业申请咨询委员会".

③ 管制期由有关人员正式离开政府后（如在离职前休假，即在休假届满后）起计。在管制期内，该员在担任外间工作前，必须得到批准（香港特别行政区立法会调查有关梁展文的报告）。

表 6-2 香港首长级公务员退休（离任）再就业管制期规定

级别	管治时限（年）
薪级 1-7（D1-D7）点	
a. 按可享受退休金条款/新长期聘用条款退休的人员	2
b. 连续服务满六年或以上而基于退休以外原因离开政府的人员	2
c. 连续服务不足六年而基于退休以外原因离开政府的人员	1
首长级薪级表第 8 点（D8）或同等薪点	
按可享退休金条款/新长期聘用条款退休的人员	3
连续服务满六年或以上而基于退休以外原因离开政府的人员	3
连续服务不足六年而基于退休以外原因离开政府的人员	0.5—1

根据这个规定，从 2006 年开始，不断有案例出现。从表 6-3 可以看出，自 2008 年至 2012 年 5 年间，ACPE 接受的离退休再就业申请的个案数目分别为 56 例，59 例，40 例，47 例和 54 例。而 D4 级别以上的申请数字却并不高，例如，2008 年有 23 例，2009 年有 28 例，2010 年 25 例，2011 年有 8 例，2012 年仅有 7 例。这也是中国香港 ACPE 透明程度不够的表现之一。与此同时，从历年被批准申请的数字来看，被拒绝申请的数字非常低。从表 6-3 可以看出，2008 年拒绝 3 例，2009 年拒绝 2 例，2010 年拒绝 0 例，2011 年拒绝 6 例，2012 年拒绝 3 例。这样低的拒绝率也表明 ACPE 在处理高层官员的申请时在如何界定利益

冲突上具有较大的困难和挑战。

表 6-3　中国香港公务员“冷河期”适用的案例统计①　　单位：例

	2008 年	2009 年	2010 年	2011 年	2012 年
D1	8	5	6	12	19
D2	18	12	6	15	18
D3	7	14	3	12	10
D4	5	11	7	3	1
D5	2	5	0	1	3
D6	8	9	17	2	1
D7	–	0	0	0	0
D8	8	3	1	2	2
总计	56	59	40	47	54
批准总计	53	57	40	41	51

① A directorate civil servant may submit more than one application for post-service outside work. Such applicants are counted only once. Cited from Advisory Committee on Post-service Employment of Civil Servants (ACPE). 2007. Eighteenth report. Hong Kong. Mimeo.

表 6-4 香港公务员申请退休（离职）再就业获批案例统计

	2008 年	2009 年	2010 年	2011 年	2012 年
私营商业部门	26	26	20	14	13
其他部门	27	31	20	27	38
总计（获得批准案例）	53	57	40	41	51
未获得批准案例	3	2	0	6	3

上述分析表明 ACPE 存在一些问题。因此，香港的 ACPE 受到了香港媒体和立法会议员的强烈批评，认为他们在离退休高官的管理上缺乏严厉的规范。同时，香港模式的特殊又在于除了借助行政机构的力量，还一直依靠肃贪专业机构廉政公署一起处理涉及利益冲突的问题。相较于其他国家或地区，中国香港的公众将处理利益冲突的问题更多地寄希望于廉政公署。因为廉政公署多年以来成功打击政府腐败的形象早已深入人心。

2. 廉政公署的做法

20 世纪 90 年代开始，廉政公署也已经注意到利益冲突这种新型的贪污形式。在 1998 年的廉政公署年度报告中首次出现“利益冲突”的表述。随后，关于“利益冲突”的内容就不断出现。利益冲突的本质实际上是新公共管理过程中的道德伦理问题。即如何在公共服务私有化的过程中实现公共利益。因此，廉政公署一方面依靠防止贪污处对政府及公营机构制定各种相关的防止利益冲突指引；另一方面借助社关处的教育资源推广一系列涉及公务员诚信的伦理道德教育活动。政府面临政治压力时，他的选择只是加强法律规范。但长期看来，政府不愿给予ACPE 更多的独立权和透明度。中国香港现在只能借助公务员事务局和廉政公署一起在公务员队伍中推进行政伦理管理。政府努力试图通过加强公务员行政伦理道德教育来提高规避利益冲突的意识。

但是，在民众看来，政府诉诸软性道德的管治策略不能有效解决问题。民众更希望能够引进更加严格的规范管理。显然，这种来自公众的“强硬”规则要求与来自政府的“软”性道德约束产生了较为严重的意识冲突。这种冲突实际上源于两种矛盾：其一，工作权利与强硬规则之间的矛盾 。在一些丑闻曝光后，公众与立法会议员会较为严厉地批评政府的作为不够硬朗。那么是否可以采取完全取消公务员退休之后继续工作的规定呢？香港自从 1992 年引入人权法案之后，公务员工作的个人权利是必须予以保障的，因此，这种硬性的规则策略就遭遇了第一个不可能解决的难题。其二，复杂的官商关系与强硬规则之间的矛盾。“香港的情况不仅是公务员有工作的人权保障与被认为有可能存在的公私领域的利益交换之间的矛盾，还有权力集团的问题，例如高层官员和商人之间，采取手段去保护他们的利益的潜在冲突。”① 因此，中国香港目前对于利益冲突的管理虽然已经建立了一套较为规范的制度约束，例如专门处理机构（ACPE）以及联合管理模式等，但实际并未突破管治困境。这样的现状也表明利益冲突的概念具有不确定性以及在操作执法上的灰色模糊性。对于如何平衡硬性的规则约束与软性的道德培育也

① SCOTT I，LEUNG J Y．Managing integrity：the regulation of post public employment in Britain and Hong Kong［J］．Public Organization Review，2008（8）．

是中国香港目前在治理利益冲突过程中仍然需要探索的重要问题。

二、隐性腐败及数字化应对

腐败行为本身具有鲜明的隐蔽性和敏感性。相比较传统腐败而言，越来越多的腐败行为已经从权钱交易转变为更为隐蔽的交易方式。因此，发现腐败行为就更加困难。反腐败所需要的相关信息是非常难获得的。反腐败的核心机制在于信息透明机制的建立与完善。信息与通信技术（ICT）的出现，使得信息识别、存储成为可能。这对于数据驱动下的反腐败而言非常关键。①

（一）信息技术驱动的反腐败

近20年来，随着以互联网技术、数据库技术、多线程技术、自动化技术、跟踪技术、个体识别技术等信息与通信技术为建设手段的电子政府②快速发展，通过虚拟机构、跨部门、公私网络的形式来组织的“数字政府”或“虚拟政府”③ 也异军突起。世界银行2020年度报告指出，互联网技术的不断发展，尤其是大数据等前沿科技的发展为开放政府的实现提供了支持。开放政府的目标在于促进透明、包容和合作，通过提升透明理念来推动可持续化发展，促进政府为民众提供更好的服务。从这个意义而言，新技术的广泛应用也影响到了以追求透明、廉洁

---

① JOHN C, BERTOT P T, JAEGER, et al. Promoting transparency and accountability through ICTs, social media, and collaborative e-government ［J］. Transforming Government: People, Process and Policy, 2012（6）.

② JAEGER P T. The Endless Wire: E-government as global Phenomenon ［J］. Government Information Quarterly, 2003（20）.

③ De Sousa, W. G., de Melo, E. R. P., Bermejo, P. H. D. S. O. How and where is artificial intelligence in the public sector going? A literature review and research agenda ［J］. Government Information Quarterly, 2019（36）.

为目标的腐败治理。这种以信息与通信技术为载体的数据驱动的反腐败突破了原有的制度、文化的路径，成为正在被关注的研究议题。

信息与通信技术用于反腐败体现在多个方面，该技术不仅为商业带来了效益，而且也提升了个人的生活水平。近年来，很多国家使用信息与通信技术来有效提供信息和公共服务。这种积极作用，无论是在案例实践层面的分析还是国家层面的比较分析都得到了证实。

一方面，从实践案例层面来看，学者们选取的案例既有来自政府的也有来自企业的。例如用韩国的电子政府的数据发现广泛使用的电子政府有利于提升透明度，增加民众对腐败的反对，减少腐败。[①] 还有学者观察了信息技术在公司治理中的应用[②]，例如 ERP 系统就是一种典型的信息技术，他们的研究发现这套系统不仅能够帮助公司规范运行权力，而且能够有效识别那些从事与腐败有关的活动或资金使用情况。如果员工认为他们的工作是可能被可视化的，那么他们更愿意趋向于遵守规则和程序，这样实际就能增加规范，减少腐败。

另一方面，从国家层面的数据看，学者们通过跨国数据进行了比较研究。例如有学者用 149 个国家 1996 年到 2006 年的数据证明加大电子政府投入可以减少腐败[③]；还有学者针对全球 70 个国家从 1998 年到

---

① BHATNAGAR S. E-government and Access to Information [R]. In Global Corruption Report, 2003.

② BHATNAGAR S. E-government and Access to Information [R]. In Global Corruption Report, 2003.

③ 钱再见. 电子治理促进公共权力运行公开化的逻辑理路研究 [J]. 学习论坛，2019 (3)：56-64. .

2005 年的数据来分析互联网的使用与该国的腐败水平呈负相关①，指出信息技术，例如电子政务，可以增加信息透明，减少腐败，而那些使用电话或面对面交流方式的国家，腐败现象会明显高于那些使用电子政府的国家②。

具体而言，信息技术为数据驱动下的反腐败提供了解决信息获取问题的工具和手段。信息技术在数据驱动的反腐败过程中的发生机制如何？信息流动的方向是什么？谁控制信息的流动，以及在哪个阶段控制？谁需要通过信息行为来达到治理腐败？现有关于信息技术与反腐败的研究重点探讨了上述问题，在一定程度上回答了信息透明机制的作用和功能。

（二）个案：印度的实践③

大数据的应用领域越来越广阔，很多国家都已经开始使用大数据来推进智慧城市和电子政务的建设，印度就是其中较为突出的国家。由于莫迪政府非常重视技术创新，近年来印度也正在积极使用大数据等相关技术进行犯罪预防与反腐败。预测警务是一种大数据分析技术的应用，通过警方的干预预防犯罪，或者使用统计预测来化解犯罪问题。预测警务通常包括以下四种运作方式：预测犯罪风险高的地点和时间点；预测潜在的未来罪犯；建立过去犯罪的档案；预测可能的受害者群体。预测

---

① 帕尔多，郑磊．共享研究与实践知识：对“电子治理的未来”国际研讨会及全球数字政府学术共同体建设的评论［J］．电子政务，2014（1）：2-5. 韩兆柱，李亚鹏．数字化治理、网络化治理与网格化管理理论的比较研究［J］．学习论坛，2017（3）：41-46.

② 黄建伟，陈玲玲．国内数字治理研究进展与未来展望［J］．理论与改革，2019（1）：86-95.

③ 李莉．一枝独秀：印度安得拉邦的信息技术反腐［J］．廉政瞭望，2021：52-54.

警务主要依据通常使用的犯罪理论，主要包括犯罪事件、易犯罪的地点和可能的犯罪因素几个方面。预测警务的基本假设是犯罪的对象和地点并不是随机分布的，而是“某时、某地、受害者面临安全威胁的环境因素共同作用的结果”，预防性警务不是依靠警察个人的预感，而是基于大数据算法来实现的。犯罪和犯罪网络跟踪系统（CCTNS）是印度数字计划中的电子政务项目，其目的是利用 ICT 更好地提供以公民为中心的服务，目前连接大约 14000 个警察局，用于调查、侦查和预防犯罪。印度各州已决定使用预测性监管技术。预测性警务应用实施的优点是可以更好地分配资源、预防犯罪、进行更全面的分析。存在的问题有：缺乏防止滥用的保障措施、使用不当易造成歧视、可能导致无正当理由监视、预测模型的不透明性。

此外，印度各邦都在尝试推出大数据项目和区块链技术项目，他们希望通过这些技术平台为提升政府治理透明度铺平道路。例如印度安德拉邦制作了大数据地理信息地图，替代了纸质地图，民众可以通过电脑、手机、其他移动设备来进行操作。这一改革减少了税务、建筑领域等核心领域政府公务人员寻租的机会。数字化浪潮席卷全球。印度虽然是发展中国家，但其在信息技术领域的发展却颇具特色。印度的安德拉邦是印度第五大邦，长期排名靠后。然而，近 20 年来，该邦却因信息技术的快速发展弯道超车，其中借助信息技术助力的反腐败更是一枝独秀，令人侧目。安得拉邦为印度濒孟加拉湾的一个邦，该邦一直以农业为主、工业基础薄弱，社会和经济发展的许多指标都在印度全国平均水平之下，新的变化起源于信息技术的推广和发展。早在 1997 年，以开发信息技术为主的高科技城在安得拉邦的首府海得拉巴落成。随后，在印度国内外10多家著名信息技术产业公司的资助下，海得拉巴创办了专门培养信息技术人才的印度信息技术学院。安得拉邦的工程学院也由32所增加到100余所。该邦信息化建设的思路与推行都源于该邦首席部长钱德拉巴布·奈杜。自从1996年领导安得拉邦以来，邦政府就开始制定了一系列大力发展信息技术产业、普及信息技术教育的战略决策。在奈杜的倡导下，安得拉邦政府的各个部门都建立了信息技术中心。作为领导本人，奈杜自身对信息技术的兴趣就非常浓厚，在其工作中也借助信息技术来了解世界信息动态，指导具体的工作。曾有记者到过奈杜的办公室。这间办公室虽然不到20平方米，但最吸引人的是他办公桌上那部大平面、超薄型的电脑工作站。荧光屏上正在显示英国《经济学家》周刊发布的世界各国最新经济发展指标。

为了大力吸引海内外投资，奈杜在安得拉邦首府海得拉巴建起了软件技术园区。1997年，为了吸取世界各国发展信息技术产业的经验和教训，奈杜专门邀请了比尔·盖茨等信息技术业巨头到海得拉巴，咨询他们对安得拉邦信息技术发展的意见。在5年时间内，海得拉巴软件技术园区吸引了数十家印度国内外著名的信息技术公司。海得拉巴已成为继班加罗尔和马德拉斯之后的印度第三大信息技术较发达的城市。正是由于信息技术的普及和发展，这个在印度相对落后的，长期不受关注的地区一举成名。在安得拉邦，信息技术被誉为金凤凰。印度南部飞出的这只金凤凰被视为印度近年来信息技术产业发展的缩影。

依靠信息技术，安得拉邦得以迅速发展。然而随着城市和经济发展加速以及城市扩张，道路、供水和公共卫生等城市服务无法满足日益增长的需求。在1991年到2001年间，安得拉邦城市的自来水覆盖率下降了10%以上，而城市排水系统覆盖率不足居民人口的20%。这些服务匮乏的主要原因是地方政府机构的财政问题和管理能力不足。

2010年后，这种现象持续加剧。2010年，整个印度安得拉邦的市政单位都没办法征收到足够的税收。由于税收不足，因而公共服务的供给就更加无法得到有效提供。税收引发的公共服务危机成为导火索，该邦开始关注其背后的成因并试图进行改革。顺藤摸瓜的调查发现了一个多米诺骨牌线索链。根据调查发现城市税收最大的不足来自财产税项目。但财产税的详细数据却无法提供，因为市政府缺乏精确的地图。地图是正确评估财产税的最重要依据，但市政府所使用的地图过于陈旧，早已无法评估因快速城市化带来的人口剧增的现状，所以税收征收的信息不能有效提供。由于精确地图的缺失引发财政税收问题，也因此使得社区生活用水、污水排放、废物处置或街道照明方面的诸多需求无法明确信息。然而，这一线索链条到此还未停止，在围绕地图引发的线索排查中，另外一个更为严重的问题也浮出了水面。这就是在政府行政部门各个环节出现的腐败问题。例如市政建设许可办理就是其中最具代表性的，许多基础设施或牵涉到房产项目的施工都需要提交申请给政府部门审批，这个环节衍生出很多寻租机会。显然，腐败并非所有问题的原因，但腐败所存在的每一个环节都会影响到政府公共服务的供给效果。

这一场因地图引发的公共服务危机，促使安得拉邦政府开始实施一系列改革。在这场改革中，借助已有成熟的信息技术来解决以地图为核心的技术问题，进而借助技术开展了反腐败改革，提升透明度与廉洁。

2010年，邦政府及其发展伙伴启动了安得拉邦市政开发项目，目标是通过数字政府改革，解决本邦治理方面遇到的挑战。此项斥资3亿美元为期 8 年的项目计划使用无人机、人工智能和其他技术搜集并整合地理空间数据。这些数据对于征税和土地管理来讲至关重要。在提高数据搜集水平的同时，安得拉邦希望为市民提供更为便捷的公共服务，并引入市民反馈系统，加强监督公共服务的交付。

安得拉邦使用无人机搜集地理空间数据及更新地图，将纸基系统替换成电子系统，对员工和市民就如何使用新平台进行培训。同时利用数字化政府平台和新兴技术，逐步提高公共服务水平。市民可以通过多个渠道获取服务或进行投诉。此项改革显著减少了关键领域的欺诈和腐败机会，例如税务和建设许可，同时增加了当地政府的收入。

安得拉邦设立了市民反馈机制，确保维持服务水平，减少微型腐败。市民可以通过电话、市民服务中心或通过一个新手机应用程序留下反馈意见。通过使用该程序，市民可以上传漏水等服务交付问题的地理位置标签图。应用程序分配责任给市政工程师来解决该问题，当选官员可以通过控制盘查看实时信息。邦政府向群众公开所采取的响应措施信息。例如，为市民提供其投诉状态相关信息的获取途径；为市政雇员提供工具箱、培训以及工作跟踪方式；授予城市管理者数据驱动决策权（实时且便于分析）；邦政府则根据关键绩效指标进行数据驱动规划。责任清晰和响应透明鼓励更多人使用数字平台，从而确保了此项改革的成功。在 2019 年财政年度，共收到了 125000 多起投诉，其中只有 367 起未解决。投诉涉及的服务交付问题范围很广，包括街道照明不亮、水管漏水和街道环卫工人旷工。这些投诉约有一半是在规定时间内解决的。市民反馈系统简便、透明，同时加强了政府公务员和市政官员的问责制。

该项目利用技术提高透明度及加强问责制，并通过公开市民投诉实时信息以及政府响应信息，增加了市民参与度。新方案提高了政府的响应能力和办事效率，必须在规定时间内提供服务，否则应报告延误原因。综合服务交付平台为城市治理整个生命周期提供支持，可使用平台进行规划、实施、结果监督以及纠正措施反馈。多项技术相互连接，使政府部门能够彼此交换信息，数据不再是封闭的。

新系统使市政府能够搜集准确信息，搜集到的准确信息又反过来提供了两大关键利益：不仅有助于减少逃税（从2015年到2019年，征收的财产税和水费收入增加了不止一倍）；而且提高了公共服务的监督和交付水平。例如，为20多万个家庭提供了自来水，市民申请公共服务的处理时间显著缩短。

市民从数字技术中广泛受益，数字技术不仅让市民享受更好的服务水平，并且降低了实施成本，减少了人机交互工作量。市民可以通过多种渠道获取服务或提出投诉，包括PuraSeva手机应用程序、Mee-Seva市民服务中心、官方网站或拨打电话。

安得拉邦最初并没有先进技术，却能够实现“跨越”，采用一系列新兴技术。安得拉邦的经验表明，采用新技术，投资数字文化，确保制定根基深厚的数字战略，提高所有市民的参与度，同时牢记网络安全隐患和数据保护，能够促进透明度和问责制，进而提高公共服务交付水平，降低腐败发生的可能性。

上述印度案例只是目前全球范围内利用新型技术探索反腐败的一个缩影。世界银行报告显示，数字化政府的急速发展深刻影响了公共部门治理的样态，也影响到了反腐败。目前大数据、云平台、人脸识别、区块链、AI人工智能等技术都已被充分使用到政府治理和反腐败中，这些技术可以有效帮助政府部门发现腐败的线索。减少人对公共服务的介入，增加数字化治理手段的应用，减少寻租的机会。虽然数字技术与反腐败结合在全球兴起，但各国也意识到数字化带来机遇与风险双重效应。具体而言，数字化实际并非能解决所有反腐败中面临的问题。数字科技对于减少欺诈和腐败的推动力取决于制度环境的影响。虽然数字化是基础性的因素，但其他因素例如制度动机、能力和强有力的领导等都是影响效率提升、服务质量改进和减少腐败的关键因素。换言之，虽然互联网的发展提升了透明度，但通过透明提升问责还取决于其他几个因素。这些因素包括当事人是否能够便捷获取信息、理解信息，官员是否有能力和意愿回应民众的需求。其他因素还包括缺乏民众参与空间、政治意愿和制度能力，这些都会导致政府不能有效满足民众预期。透明本身并不能解决腐败问题，虽然它通常被视为必要的第一步，以及是进行有效行为的第一步。较为宽松的允许民众有效参与的环境，以及民众分析和回应信息的渠道都是更为重要的。

三、政商关系的新挑战及其应对

（一）政商关系异化带来新挑战

政商关系的本质在于权力与资本的关系。在社会的演变进程中，权力与资本是不可或缺的动力。二者相互联系，密不可分。在缺乏监管和抑制的情形下，越界、腐败等失范行为不可避免。英美等西方国家已经形成政企之间边界分明、规则清晰的制度化关系，发展中国家常常会受到血缘、地缘等传统社会网络的关系因素影响。例如在中国，基于权力不对称或资源依赖而形成的庇护网络、非正式关系、特殊主义互惠。在政府监管领域的政企之间因为共同利益而结成合谋关系也易于损害全体利益，甚至滋生腐败。

从现实经验来看，政府权力对于经济与市场的干预如果能做到平衡、适度，政商关系一般处于良性状态；如果不能做到，则政商关系难以避免地会走向异化[①]。换言之，政商关系异化源于以下两个方面：首先，政府权力对经济和市场干预过度；其次，缺乏权力监督、制衡机制。

因此，无论是拥有制度约束的西方国家，抑或缺乏制度监管的发展中国家，实际都无法完全避免腐败等问题对于政商关系的挑战。妥善处理政商关系，预防和遏制不良政商关系以及因此引发的行贿、腐化等政治、社会问题，早已成为世界性的难题。处理好政商关系乃至政府与市场、权力与资本的关系，不同国家相互借鉴都很有必要。

（二）个案：瑞典新政革[②]

世界范围内，北欧国家连续多年拥有较高的清廉透明评分，瑞典也是其中重要的代表之一。瑞典透明国际组织主席曾公开表示“在公共部门，值得庆幸的是，基于我们长期以来坚持的一些重要原则、政策透明度以及新闻出版自由，我们仍然独善其身。但是当我们把目光转移到银行业、金融业以及跨国公司，情况截然不同。”这实际反映出腐败领域的多样性，在各国重视公共权力部门的反腐败工作的同时，基于商业行为的私营公司、金融企业等却常常容易成为反腐败的薄弱环节。

① 段涵．亲与清：新型政商关系的困境与出路［J］．行政科学论坛，2022（3）：56-61.

② 李莉．瑞典构建良好营商环境的杀手锏［J］．廉政瞭望，2021（13）：57.

为此，2012 年以来瑞典反腐败研究所（IMM）一直致力于商业腐败的研究和治理。近年来，为适应当前社会形势，瑞典对先前称为《礼物、酬金和其他商业利益法规》的法律规范进行了修订，以适应不断发展变化的商业环境，并引入有关预防措施和中间人的新指南。

作为修订标记，IMM 指南改名为《防止商业腐败规范》（下文简称《规范》）。新版本《规范》于 2020 年 8 月 14 日生效，除设定更高商业道德标准外，还阐明了行贿受贿法律框架。这部新规范也被视为瑞典打击商业腐败、构建良好政商关系的杀手锏。

新版《规范》强调对腐败采取积极干预，并提供预防措施、利益和中间人指南。在结构上，该部《规范》由三部分组成：预防措施、利益和中间人指南。相较于修改前的内容，《规范》包含两个全新部分，即关于预防措施以及中间人相关风险。总体来讲，《规范》为具体案例评估提供了额外空间。

1. 预防措施

新的预防措施部分突出强调主动打击腐败措施的重要性。每家公司需要采取的措施取决于公司规模和所有制结构，以及开展的经营活动和公司面临的腐败风险。《规范》列举了应列入公司反腐败工作的几个组成部分。

首先，高层承诺。确保为预防性反腐败工作提供充足资源和专业知识，定期向公司董事会告知公司的反腐败措施。其次，风险分析。这包括循环识别风险以及普遍存在区域、风险实现的后果以及当前的风险管理漏洞。再次，内部反腐败规定。公司必须制定书面反腐败规定，包括公司的整体反腐败立场、具体指南和规定、负责实施规定的部门或个人，并制定了违反规定发生时的常规做法。此外，还包括沟通与培训，这要求公司必须确保定期对雇员进行内部反腐败规定和程序培训；建立中间人和其他第三方尽职调查系统，该系统包括中间人和除中间人以外的第三方相关腐败风险的管理程序；公司建立报告系统，需要确保能在没有风险的情况下报告腐败疑点，并落实跟进报告程序，最后还应设立预防措施实施内部控制，完成检查监督职能。

2. 利益

利益指的是对于接受者来讲的有形或无形价值，修订《规范》澄清了利益指南，还规定了为了使利益合法化的三个要求。注意利益相关要求各不相同，取决于是提供给私营部门还是公共部门。如收礼者属于公共部门，或收礼者属于敏感行业，则需要进行更加严格的评估。按照《规范》，利益提供方式必须透明且必须适当，同时不得影响或有可能影响接受者的职责履行决定。

与旧版《规范》一致，礼物评估取决于收礼者和送礼者的身份。之前禁止给公共部门工作人员送礼的规定被废止，替换成根据情况进行评估，对于行使公共职权和政府采购部门的接受者以及公共部门的其他接受者实施更为严格的规定。有一个例子展示了对公共机关和采购部门个人收礼规定的严格程度，实际上公共机关代表只是在午餐时间在公司现场走访，但监督机制规定不得提供简易午餐。

《规范》规定公共部门和公共融资部门与私营部门不同，银行和保险公司不再被视为公共部门。但《规范》对给银行和保险公司个人送礼进行严格限制。对于邀请公共部门职员参加宴会的可能性略有放宽，对于私营部门来讲，强调商业关联性和情况评估。IMM 道德委员会将允许价值微不足道的工作相关利益——例如送咖啡和饼干的内容编入新《规范》。但值得注意的是，经修订的《规范》不包含用于确定合法性利益的实际金额或价值，但继续建议进行具体情况评估。

3. 中间人指南

《规范》进一步规定了关于中间人的新指南，以解决国际上不断增加的中间人处理挑战。中间人指的是公司任命其代表公司处理特定事务的人，公司提供钱或其他资产给中间人，中间人的实际职责具有决定性，其职务无关紧要。

首先，中间人指南要求各家公司对中间人进行全面风险评估：包括评估中间人经营或注册所在国家的相关风险、行业、合同类型以及与公职官员关联的风险。

其次，管理评估每个中间人，包括评估中间人的身份、利益所有者、财务背景、报酬形式、对腐败的态度、诚信、声誉和专业性。

再次，就如何评估和管理中间人，在公司内部建立对应程序。建议采用 OECD 报告作为评估国家风险水平的依据，例如采用 OECD《国际商务交易活动反对行贿外国公职人员公约》。

此外，还应评估中间人经营风险，对于大部分业务是政府采购，执行活动需要许可证，或为了开展商业活动与政府机关往来频繁的行业来讲，通常风险暴露性更高。关于中间人评估，尽管指南说明进行了大量检查，但是，如果不能确定中间人的利益所有人，仍存在高犯罪可能性。

《规范》的核心修订内容是关于预防措施以及中间人积极管理评估的部分。通过更新《规范》，IMM 起草了一个更加综合的商业框架，这对于预防商业贿赂具有积极的作用。瑞典作为北欧廉洁模式的代表国家，在其反腐败制度化和规范化工作方面，显示出不断创新的能力，尤其针对商业领域的改革更创造出积极的预防治理模式。

四、小结

腐败的形式是随着社会的发展不断变化的，这也使得人类社会无法彻底消除腐败，只能最大限度地予以遏制。因此，腐败治理的理念与思路就需要不断更新与调整。虽然制度的核心在于提供稳定的约束机制，但面对层出不穷、不断升级的腐败行为，依然需要在已有制度之上更新腐败治理理念。

人类进入信息化、数字化时代，面临的治理挑战也更加多样。腐败行为与之组合，形成了更加隐蔽、更难侦查和取证的新类型，诸如延后利益输送、信息化高科技手段腐败和隐性的政商勾结等都带来了新的挑战。

清廉转型的第二重内涵表明腐败治理需要在从腐败转向清廉后能寻求到有效巩固之道。显然，如何能够有效地巩固已有的治理成果，需要不断应对新型腐败的挑战和压力。

利益冲突是近年来新型腐败的一种形式。中国香港个案提供了解决利益冲突尤其是退休高官是否应该到企业任职，以及退休官员到企业任职后是否会滋生腐败等实际涉及利益冲突的问题的对策。建立较为规范的制度约束，采用双管齐下的方法，在专门处理机构（ACPE）以及廉政公署的合力下，力求突破管治困境。但对于如何平衡硬性的规则约束与软性的道德培育也是中国香港目前在治理利益冲突过程中仍然在探索的重要问题。

数字化政府的急速发展深刻影响了公共部门治理的样态，也影响到了反腐败。目前大数据、云计算、人脸识别、区块链、AI 智能等技术都已充分被应用到政府治理和反腐败中，这些技术可以有效帮助政府部门发现腐败的线索。印度个案在于提供了面对数字化带来的腐败治理挑战，如何能够减少人对公共服务的介入，增加数字化治理手段的应用，进而减少寻租的机会。

政商关系的合理构建，避免政商关系的异化是世界共同面临的难题。瑞典个案表明了通过更新《规范》，IMM 起草了一个更加综合的商业框架，这对于预防商业贿赂具有积极的作用，这对在中国情境下构建“亲”“清”型政商关系、如何有效促进我国党政部门与企业的紧密互动关系提供了借鉴思路。

第七章

我国的思考与借鉴

一、专业化反腐败机构：整合资源

从世界范围来看，一个国家反腐败的制度建设来源于法律、机构和策略三个方面。其中，专业性的反腐败机构在治理腐败方面扮演重要角色。由于政治体制、法律体系、历史文化等各方面的差异，目前各个国家的反腐败机构也有很大差异。

但总体而言，主要有两种模式：其一为单一反腐败机构模式，其二为多元反腐败机构模式。中国香港与新加坡都属于典型的单一反腐败机构模式，其显著特征是权力集中、专业高效。在以往我们对于香港腐败治理成功经验的借鉴上，不乏对于廉政公署的学习。但大多研究都认为香港的成功经验很难复制，因为内地与香港存在很多差异性。诚然，无论从规模、人口等物理因素上，还是从历史传统、法律文化等软性因素上，两地确实迥然有别。但本书对香港反腐败机构的历史梳理表明，在反腐败机构的制度建构演进中，如何将各种反腐败资源予以整合、优化，从而实现有效的腐败治理的思路应该是共通的。

中国香港经验表明，将反腐败机构的权力集中，有利于提升效率，增强权威。但同时，中国香港的经验也揭示反腐败机构的权力应受到制度性制约，从而防止自身权力的滥用。

当下中国正在推动的国家监察体制改革，正是适应新时期反腐败工作的特点，通过将分散的机构整合，从而将反腐败权力有效集中，减少机构之间的权力内耗，提升反腐败效率，同时增强反腐败机构的权威功能。

正在行进中的中国国家监察体制改革，无疑是一项重大的政治改革，是国家监察制度的顶层设计。作为一项“摸着石头过河”的改革，最为需要的就是对以往相似案例的借鉴与学习，从而避免走弯路。

从此次国家监察体制改革来看，总体思路是将较为分散的机构进行整合、统一，从而提升效率、提高权威，赋予新的监察机构以独立性和权威性。这一改革思路在不少人看来，都是在向中国香港的廉政公署靠拢。实际上，中国香港廉政公署的成立是20世纪晚期的事情，在此之前，香港也曾经历过反腐败的曲折历程。

通过对其历史的深入挖掘，前文总结了对于中国香港廉政公署制度建设过程的四个重要特征，这也是中国香港腐败治理制度转型成功的重要原因，更重要的是能够为当下正在进行的国家监察体系改革提供重要的借鉴与参考。中国香港的这一经验也表明，目前正在进行的国家监察委员会改革，将分散的机构统一，有利于整合资源，集中权力进行有效的反腐败工作。但也需要注意对自身权力的制约，如何通过有效的制度设计来对反腐败机构自身的权力进行合理地制约与监督还是非常值得思考的。就像党的十八届六中全会所说的：建立健全党委（党组）全面监督、纪律检查机关专责监督、党的工作部门职能监督、基层组织日常监督、党员民主监督的党内监督体系。国家监察机关也应该接受上述提到的党内监督体系，此外还要接受舆论监督、人民群众的监督等。

二、职业化队伍：提升效能

从前文第三章对中国香港廉政公署历史的挖掘可以看出，廉政公署在成立之初也面临机构人员协调运作的难题，尤其是针对从警队系统调拨的警察的融合与协调成为当时较为棘手的工作。这一点与我们当下正在进行的国家监察委员会试点省份即将展开的工作有类似之处，我们也将面临在全新的各级监察委员会中如何处理好不同机构转隶而来的工作融合与协调问题。当然，中国香港廉政公署成立之初面临的这个问题实际上与我们国家目前所进行的国家监察委员会面临的转隶工作还有诸多不同之处，但这并不妨碍我们对中国香港经验的借鉴与反思。

对于如何解决转隶工作带来的机构融合与协调问题可以从中国香港廉政公署的经验中得到两点启发。

首先，财政保障。虽然我们目前正在进行的国家监察委员会改革并非采用中国香港廉政公署的聘用制，不会产生类似当年中国香港调拨警察担忧的福利保障变化等问题。但作为一个独立的专业反腐败机构，为了能够保持办案的独立性和高效性，充分的财政支持是非常必要且重要的。中国香港廉政公署在解决人心不稳的问题时给予充分的财力支持是非常有借鉴意义的。当下我们正在进行的国家监察委员会改革也会面临多个机构转隶人员的相关待遇、级别等各种现实问题。这将是未来试点省份面临的重要问题。

其次，法律配套。中国香港廉政公署为了协调不同人员的工作运作机制，修订法律，规范工作。新机构的运作需要法律配套才能落地。这一经验对于当下我们进行的国家监察委员会改革亦非常重要。在2016年12月26日，为了履行监督、调查、处置的职权，人大常委会决定赋予监察机关十几种监察手段，包括强制手段。例如，调查可以约谈、监视居住、冻结财产，甚至滞留审查、限制行动自由等。但这些还远远不够，今后还要根据试点经验研究和丰富监察手段，让制度设计更规范。同时，现行的行政监察法、刑事诉讼法、检察院组织法、检察官法、地方组织法等法律都需要调整，未来全国人大要制定国家监察法，修改相应的法律。法律的配套为实际工作提供了标准和依据，有利于明确职责和权力。

中国香港廉政公署在成立之初所经历的机构融合虽然与我们当下的国家监察委员会改革在诸多方面都有差异，但作为一个新机构所经历的跌跌撞撞与摸着石头过河与我们当下正在行进中的改革是相似的。中国香港经验也表明这是一个需要不断摸索与创新的过程。

三、廉洁文化建设：人心向背

中国香港个案的分析对于我国正在进行的党风廉政建设亦具有重要的借鉴意义。反腐倡廉建设，是广大干部群众始终关注的重大政治问题，更是党的十八大以来新的中央领导群体推进全面深化改革的主要“抓手”。腐败治理成果已经初现端倪，正风反腐促进经济社会发展，塑造风清气正的廉洁社会已经成为全社会的共识。

习近平同志指出“一个政党，一个政权，其前途和命运最终取决于人心向背”。[①] 王岐山同志也指出“执政党的使命决定了必须从严治党，执政党对人民的承诺就是它的使命。要兑现承诺，执政党必须对自身严格要求”。他还回答了“中国共产党的合法性”命题，称这是源自历史，是人心向背决定的，是人民的选择。办好中国的事情，就要看人民高兴不高兴、满意不满意、答应不答应。这些都表明腐败治理实质上是民心保卫战，背后涉及执政合法性问题。

党的十八大以来，反腐败工作不仅着眼于破坏制度和触犯法律的问题，查处了一大批大案要案，而且密集式反腐已经取得重要的震慑效果，成效显著。据统计，2003 年至 2011 年近 10 年间，落马的省部级官员共计 72 人。党的十八大至今，在省部级官员反腐这一项上的成绩已相当于过去十年的 70%。与此同时，从党的十八大召开到 2015 年 6 月，全国纪检监察机关在查处腐败案件的同时，已经有效挽回经济损失 387 亿元，这个数字还在不断地更新。这表明，反腐败机构的强有力肃贪举措已经取得震慑效应。

另一方面，从党风纪律层面，加大了对于涉及灰色领域行为的严惩力度，中央八项规定和“反四风”的出台及执行就是最好的例证。从 2013 年 8 月起，中央纪委建立了落实中央八项规定精神情况月报制度，要求 31 个省（区、市）和新疆生产建设兵团纪委每月报送有关数据，中央纪委监察部网站也每月定期公布查处违反中央八项规定精神问题汇总表，以督促各地纪委加强对落实中央八项规定精神的检查。中纪委监察部网站公布的数据显示，截至 2015 年 4 月 30 日，全国查处违反中央

① 习近平在十八届中共中央政治局第一次集体学习时的讲话［EB/OL］. 新华网，2012-11-19.

八项规定精神的案件就达到7595件，处理人数10125人，给予党政纪处理人数5965人。曝光的情况显示，绝大多数案例涉及违规发放津贴补贴、违规收受礼品礼金、公款旅游、违规使用公车、公款吃喝等问题。显然，这些行为虽然并不直接违反相关法律，但却严重损害政府等公共权力机构的公信力和权威性，更是贪腐事态逐步升级和恶化的前奏。除公布全国查处违反八项规定精神的案件数外，中纪委还充分利用网站平台，不间断地通报相关典型案件，已有超过3000名官员被指名道姓曝光。但是，在这样的高压态势下，还存在一批心存侥幸心理顶风作案的案例。据报道，2013年和2014年春节、中秋期间，时任广东省乐昌市市委书记李维员带头收受“红包”礼金，72名干部被卷入其中，金额达450多万元。此外，还有相当数量的改变形式的作案案例出现，例如奢侈浪费的公款吃喝从原来的高级酒店转移到更加隐蔽的会所、居民小区等。

这样一种立基于“降龙打虎”与“防微杜渐”两个层面的腐败治理思路构成十八大以来反腐败工作的特色与亮点。相对于媒体和公众高度关注的“降龙打虎”即查办省部级高官贪腐案件的进展情况，意在抓小抓细的“防微杜渐”工作却不太引人注目。本质上，这些所谓的“小节”所反映的其实正是民众对于“廉洁”的观念认识不足，理解不深入。

对于我国当下的党风廉政与反腐败工作而言，在大力寻求制度反腐建设的同时，另一方面的软性约束也要更加重视。在民众中要形成自觉的对于廉洁的意识形态的认同，倡导良好的社会氛围。中国香港个案给予我们的启发在于，一方面，要将肃贪的强制性手段的威慑效应发挥到最大化，例如注重反腐败机构的高效执法；另一方面，要将廉洁的意识形态深深植根于社会，形成软性的约束与束缚。这一软一硬两种手段的结合才能够使得反腐败成为构建合法性认同的重要途径与手段。

首先，重视反腐败机构的象征功能的塑造与维持，加大力度对肃贪机构形象的塑造与宣传。中纪委监察网站已经将纪委的工作透明化，取得很好的效果。但省级及地方纪委网站的建设力度还有待加强。

其次，重视廉洁教育，培育良好的廉洁文化氛围。中国香港在1970年前都是深受中国传统文化影响的人情社会，但是经过1970年后至今40多年的廉洁文化教育与培养，中国香港市民已经具备了较为深厚的法治、廉洁、公正等理念。这些理念也成为重要的意识形态资源。因此，在中国目前的反腐态势下，重视规矩、党的纪律挺在前面都是全社会认同的理念，但还应进一步加强对社会民众的廉洁教育。早在20世纪70年代，廉政公署成立之初，其社区关系部门就开始利用大众媒体对市民进行廉洁教育。当时主要采用的形式是海报宣传。进入20世纪90年代之后，各种媒介形式都被广泛采用，例如拍摄电视连续剧、广告片，制作海报和卡通故事等。其中，就海报宣传而言，数量和规模都不断增加，形成较为广泛的影响。这些廉洁理念都通过大众媒体的广泛宣传深入人心。中国香港廉政公署委托CIMIGO调研机构所作的社会满意度调查报告表明，2003年至2006年，总体上有近2/3的受访者承认曾接触过廉政公署的宣传和制作。除了通过媒体在整个社会进行廉洁文化的广泛宣传外，对孩子所进行的廉洁文化教育也是中国香港廉政公署社区关系处最为重要的工作之一。社区关系处的廉洁教育是基于社区基础之上的道德与伦理培育。在学校，道德教育课程被认为是帮助学生（6-18 岁）从小培养正确认识金钱和公平交易的必要途径，通过这样的教育，目的在于真正让孩子们能够具备廉洁文化价值观进而成长为一名具备良好素质的现代公民。

党的十八大以来，一系列基于软性“文化”层面的制度建设也在不断深入开展。2015 年《中国共产党廉洁自律准则》对党员领导干部提出“廉洁从政”“廉洁用权”“廉洁修身”“廉洁齐家”的廉洁自律规范。2016 年《关于新形势下党内政治生活的若干准则》将“保持清正廉洁的政治本色”单列一节，强调“建设廉洁政治，坚决反对腐败，是加强和规范党内政治生活的重要任务”。2017 年党的十九大将“发展积极健康的党内政治文化，营造风清气正的良好政治生态”写入党章修正案，同时将“信念坚定、为民服务、勤政务实、敢于担当、清正廉洁”作为党的各级领导干部必须做到的要求，将“廉洁纪律”列为党的纪律之一。以上这些重要党内法规的制定和完善为廉洁文化的建设提供了明确的指引。以习近平总书记重要论述为指导，2022 年初，中共中央办公厅印发了《关于加强新时代廉洁文化建设的意见》，要求“教育引导广大党员严格遵守党章，严格执行新形势下党内政治生活若干准则”“践行廉洁自律准则”。与此同时，党的十八大以来，习近平总书记要求加强反腐倡廉教育和廉洁文化建设，督促党员干部特别是领导干部保持高尚品格和廉洁操守，在全社会培育清正廉洁的价值理念，发表了一系列重要讲话。习近平总书记关于廉洁从政、廉洁用权、廉洁修身、廉洁治家、廉洁奉公等重要论述丰富和拓展了共产党人廉洁文化的内涵，赋予其强烈的时代气息，为加强新时代廉洁文化建设提供了根本遵循。这些都再次表明了廉洁文化是“清廉转型”过程中重要的可持续发展的支持性要素。因此，对于我国目前正在深入进行中的廉洁文化建设，将有利于确保“不想腐”的实现，从而巩固反腐败成果。

参考文献

【中文文献】

[1] 菲奥雷托斯，费勒提，黄宗昊. 政治学中的历史制度主义［J］. 国外理论动态，2020（2）.

[2] 奥斯本，盖布勒. 改革政府：企业精神如何改革着公营部门［M］. 上海市政协编译组，东方编译所，编译. 上海：上海译文出版社，1996.

[3] 曾毅. "清廉中国"成为国家战略的可行性与推进路径研究［D］. 哈尔滨：黑龙江省社会科学院，2021.

[4] 陈静，曾毅. 论"清廉中国"成为国家战略之必要［J］. 廉政学研究，2020（1）.

[5] 程宇. 从技术治理到制度建设：网络反腐的路径选择［J］. 山东行政学院学报，2014（2）.

[6] 丛玉飞. 反腐模式转型之社会向度——基于多元治理视角的理解［J］. 吉林师范大学学报（人文社会科学版），2014（3）.

[7] 诺思. 制度、制度变迁与经济绩效 [M] 杭行，译. 上海：格致出版社，2008.

[8] 杜治洲，任建明. 我国网络反腐特点与趋势的实证研究 [J]. 河南社会科学，2011 (2).

[9] 公婷，肖汉宇，杨丽天晴. 社会嵌入式廉政治理——香港的经验与启示 [J]. 复旦公共行政评论，2018 (2).

[10] 郭锐. 转型国家的廉政困境、廉政变革及其启示 [J]. 理论探索，2018 (2).

[11] 哈贝马斯. 交往与社会进化 [M] 张博树，译. 重庆：重庆出版社，1989.

[12] 韩兆柱，李亚鹏. 数字化治理、网络化治理与网格化管理理论的比较研究 [J]. 学习论坛，2017 (3).

[13] 何俊志，杨季星. 社会中心论、国家中心论与制度中心论——当代西方政治科学的视角转换 [J]. 天津社会科学，2003 (2).

[14] 何增科. 廉能政治的四大标准 [J]. 廉政瞭望（上半月），2017 (19).

[15] 何增科. 廉能政治是更高目标 [J]. 廉政文化研究，2017 (6).

[16] 胡鞍钢，王绍光，周建明. 第二次转型：国家制度建设 [M]. 北京：清华大学出版社，2009.

[17] 黄建伟，陈玲玲. 国内数字治理研究进展与未来展望 [J]. 理论与改革，2019 (1).

[18] 江国华. 国家监察权力运行及其监督机制研究 [M]. 北京：

中国政法大学出版社，2020.

［19］匡莉，冯惠强，马远珠. 推进乡村卫生组织一体化的障碍——基于行动者中心的制度主义分析［J］. 中国卫生政策研究，2012（6）.

［20］雷青松. 国家治理现代化视域下的廉能政治析论［J］. 理论导刊，2020（6）.

［21］李传军，符丽丽，刘伟. 公民参与视角下的网络反腐研究——基于2008—2012年网络反腐典型案件的分析［J］. 电子政务，2014（1）.

［22］李辉. 超越国家中心主义：中国腐败治理的历史梳理［J］. 文化纵横，2013（3）.

［23］李辉. 中国的腐败问题：海外学者的观察与思考（1980—2010）［J］. 广州大学学报（社会科学版），2011（10）.

［24］李莉. 海外中国腐败研究文献述评［J］. 当代中国政治研究报告，2013（1）.

［25］李莉. 廉实力建设与利益冲突管理：香港个案的启示［J］. 廉政文化研究，2016（1）.

［26］李莉. 瑞典构建良好营商环境的杀手锏［J］. 廉政瞭望，2021（13），57.

［27］李莉. 社会中心主义视角下的腐败治理：基于香港廉政公署年度报告（1974—2013）的解读［J］. 经济社会体制比较，2015（5）.

［28］李莉. 一枝独秀：印度安得拉邦的信息技术反腐［J］. 廉政瞭望，2021（5）.

[29] 李莉. 政治精英眼中的廉政公署——基于香港区议员的调查[J]. 公共行政评论，2016（3）.

[30] 李莉. 中国腐败治理的回顾与评析（1978—2013）[J]. 中大政治学评论，2015（12）.

[31] 李泉. 治理理论的谱系与转型中国 [J]. 复旦学报（社会科学版），2012（6）.

[32] 李泉. 治理思想的中国表达——政策、结构与话语演变[M]. 北京：中央编译出版社，2014.

[33] 李文钊. 行动者中心制度主义：探究政策过程中的互动效应[J]. 广西师范大学学报（哲学社会科学版），2020（3）.

[34] 李文钊. 论作为认知、行为与规范的制度 [J]. 公共管理与政策评论，2017（2）.

[35] 李雪勤. 清廉中国——反腐败国家战略 [M]. 杭州：浙江人民出版社，2021.

[36] 刘汉卿. 十八大后反腐倡廉建设的新发展 [J]. 经济研究导刊，2013（25）.

[37] 龙太江，王邦佐. 经济增长与合法性的“政绩困局”——兼论中国政治的合法性基础 [J]. 复旦学报（社会科学版），2005（3）.

[38] 罗时文，韩献栋. 转型国家的社会分化与政治稳定 [J]. 学习与探索，2013（7）.

[39] 马克斯·韦伯. 经济与社会（上卷）[M]. 林荣远，译. 北京：商务印书馆，1997.

[40] 倪星. 专栏：制度转向、智力共识与中国的反腐败活动 [J].

公共行政评论，2012（5）.

[41] 彭琪，刘伟. 政治学中的历史之辨——历史制度主义与历史政治学的比较 [J]. 文史哲，2022（2）.

[42] 钱再见. 电子治理促进公共权力运行公开化的逻辑理路研究 [J]. 学习论坛，2019（3）.

[43] 任建明，马喆. 廉洁政治：概念与目标 [J]. 理论与改革，2017（5）.

[44] 任建明，孟庆莉. 何以战胜腐败：由十八大精神谈起 [J]. 理论视野，2013（2）.

[45] 库珀. 行政伦理学：实现行政责任的途径 [M]. 张秀琴，译. 北京：中国人民大学出版社，2001.

[46] 帕尔多，郑磊. 共享研究与实践知识：对“电子治理的未来”国际研讨会及全球数字政府学术共同体建设的评论 [J]. 电子政务，2014（1）.

[47] 田湘波. 善治理论下的廉政建设 [J]. 廉政瞭望，2013（5）.

[48] 库恩. 科学革命的结构 [M] 金吾伦，胡新知，译. 北京：北京大学出版社，2012

[49] 吴海红，齐卫平，庞程程. 建设廉洁政治：中国共产党的探索及其启示 [J]. 治理研究，2022（2）.

[50] 李普塞特. 政治人——政治的社会基础 [M]. 张绍宗，译. 上海：上海人民出版社，1997.

[51] 肖滨，黄迎虹. 发展中国家反腐败制度建设的政治动力机制——基于印度制定“官员腐败调查法”的分析 [J]. 中国社会科学，

2015 (5).

[52] 谢金林. 网络反腐发展趋势、特点及对策研究——基于2004—2013年大数据的分析[J]. 北京行政学院学报, 2014 (2).

[53] 叶健民. 静默革命：香港廉政百年共业[M]. 香港：中华书局（香港）有限公司, 2015.

[54] 于琴. 清廉中国视域下的公众廉洁话语建构——以中央纪委国家监委留言板发帖为例[J]. 廉政学研究, 2021 (1).

[55] 于文轩, 吴进进. 反腐败政策的奇迹：新加坡经验及对中国的启示[J]. 公共行政评论, 2014 (5).

[56] 俞可平. 治理与善治[M]. 北京：社会科学文献出版社, 2000.

[57] 俞可平. 作为一种新政治分析框架的治理和善治理论[J]. 新视野, 2001 (5).

[58] 庄德水. 廉洁政治：内涵、结构与运行逻辑[J]. 廉政文化研究, 2013 (3).

【英文文献】

[59] ANDERSEN T B. E-government as an anti-corruption strategy [J]. Information Economics & Policy, 2009 (21).

[60] ANDREW W. Great Disorder under Heaven: Endemic Corruption and Rapid Growth in Contemporary China [J]. The China Review, 2004 (2).

[61] ATKINSON, M. M. B, G. Politicians, the public and political ethics: Worlds apart [J]. Canadian Journal of Political Science, 2005 (38).

[62] BARDHAN, P. Corruption and Development: A Review of Issues

[J]. Journal of Economic Literature, 1997 (35).

[63] BARR, M. D. Beyond Technocracy: The Culture of Elite Governance in Lee Hsien Loong's Singapore [J]. Asian Studies Review, 2006 (30).

[64] BELLOWS, T. J. Meritocracy and the Singapore Political System [J]. Asian Journal of Political Science, 2009 (17).

[65] G. S. BECKER. Crime and Punishment: An Economic Approach [J]. Journal of Political Economy, 1968 (76).

[66] BHATNAGAR, S. E-government and Access to Information [R]. In Global Corruption Report 2003.

[67] BRINKERHOFF, D. W. Assessing Political Will for Anticorruption Efforts: An Analytic Framework [J]. Public Administration and Development, 2000 (20).

[68] CHAN, H. S., GAO J. Old wine in new bottles: A county-level case study of anti-corruption reform in the People's Republic of China [J]. Crime Law and Social Change, 2008 (49).

[69] CHAN, K. M. Civil society and the democracy movement in Hong Kong: Mass mobilization with limited organizational capacity [J]. Korea Observer, 2005 (36).

[70] CHEUNG, T. S., LAU, C. C. A profile of syndicate corruption in the police force. In Rance, P. L. Lee, Corruption and its control in Hong Kong: Situations up to the Late Seventies [M]. Hong Kong: Chinese University Press, 1981: 199-221.

[71] DE SOUSA, L. Anti-corruption agencies: between empowerment

and irrelevance [J]. Crime Law and Social Change, 2010 (53).

[72] DE SOUSA, W. G., DE MELO, E. R. P., BERMEJO, P. H. D. S. How and where is artificial intelligence in the public sector going? A literature review and research agenda [J]. Government Information Quarterly, 2019 (36).

[73] DE, S. L. Corruption: Assessing ethical standards in political life through control policies [D]. Unpublished PhD thesis, European University Institute, 2002.

[74] DESPEVILLE, B. Anticorruption commissions: the ′Hong Kong Model′ revisited [J]. Asia-Pacific Review, 2010 (17).

[75] DOIG, A. Good Government and Sustainable Anti - corruption Strategies: A Role for Independent Anticorruption Agencies? [J]. Public Administration and Development, 1995 (15).

[76] DOIG, A., WATT, D., WILLIAMS, R. Why developing country anticorruption agencies fail to develop: Understanding the dilemmas of organizational development, performance expectation, and donor and government cycles in African anticorruption agencies [J]. Public Administration and Development, 2007 (27).

[77] FRIEDRICH, C. J. Corruption Concepts in Historical Perspective, in A. J. Heidenheimer and M. Johnston, (eds.), Political Corruption: Concepts and Contests [M]. New Brunswick: Transaction Publishers, 2002.

[78] FRIEDRICH, C. J. Political Pathology [J]. The Political Quarterly, 1966 (37).

[79] G. S. BECKER. Crime and Punishment: An Economic Approach [J]. Journal of Political Economy, 1968 (76).

[80] GONG, T., WANG, S. Indicators and implications of zero tolerance of corruption: The case of Hong Kong [J]. Social Indicators Research, 2013 (113).

[81] GONG, T. The politics of corruption in contemporary China: An analysis of policy outcomes [M] Westport, CT: Praeger, 1994.

[82] GONG, T., WU, A. M. Does Increased Civil Service Pay Deter Corruption? Evidence from China [J]. Review of Public Personnel Administration, 2012 (32).

[83] GONG, T. The party discipline inspection in China: Its evolving trajectory and embedded dilemmas [J]. Crime, Law & Social Change, 2008 (49).

[84] HALAYYA M . Corruption in India [M]. New Delhi: Affiliated East-West Press, 1985.

[85] HE, Z. K. Corruption and anti-corruption in reform China [J]. Communist and Post-Communist Studies, 2000 (33).

[86] HEIDENHEIMER, A. J. Perspective on the Perception of Corruption, In A. J., Heidenheimer, etal., eds., Political Corruption: A Handbook [M]. New Brunswick: Transaction Publishers, 1989.

[87] HEILBRUNN, J. R. Anti-corruption commissions: Panacea or real medicine to fight corruption [M]. Washington: The International Bank for Reconstruction and Development/the World Bank, 2004.

[88] HOFSTEDE, G. Culture and Organizations: Software of the Mind [M]. New York: McGraw Hill Company, 1991.

[89] HOUSTON, H. R., J. L. GRAHAM. Culture and Corruption in International Markets: Implications for Policy Makers and Manageers [J]. Consumption Markets and Culture, 2001 (4).

[90] HUSTED, B. W. Wealth, Culture, and Corruption [J]. Journal of International Business Studies, 1999 (30).

[91] J. C. Market reforms and corruption in rural China [J]. Studies in Comparative Communism, 1989 (22).

[92] J. S. NYE. Corruption and Political Development: A Cost-Benefit Analysis [J]. American Political Science Review, 1967 (61).

[93] JAEGER, P. T. The Endless Wire: E-government as global Phenomenon [J]. Government Information Quarterly, 2003 (20).

[94] JIANG, G. P. Status of law and corruption control in post-reform China [D]. Thesis (Ph. D.), City University of Hong Kong, 2008.

[95] JIANMING, R., ZHIZHOU, D. Institutionalized corruption: power overconcentration of the First-in-Command in China. Crime [J]. Law and Social Change, 2008 (49).

[96] JOHN GARDINER. Defining Corruption [J]. Corruption and Reform, 1993 (7).

[97] JOHN, CARLO, BERTOT, PAUL, T., JAEGER, et al. Promoting transparency and accountability through ICTs, social media, and collaborative e-government [J]. Transforming Government: People, Process and

Policy, 2012 (6).

[98] KING, A. Y. C. Administrative absorption of politics of Hong Kong: Emphasis on the grass roots level [J]. Asian Survey, 1975 (15).

[99] KLITGAARD, R. E. Controlling corruption [M]. California: University of California Press, 1988.

[100] KONSTANTINIDIS, I., XEZONAKIS, G. Sources of tolerance towards corrupted politicians in Greece: The role of trade offs and individual benefits [J]. Crime Law & Social Change, 2013 (60).

[101] KROLL, C., DELHEY, J. A happy nation? Opportunities and challenges of using subjective indicators in policymaking [J]. Social Indicators Research, 2013 (114).

[102] KU, A. S., Postcolonial cultural trends in Hong Kong: Imagining the local, the national, and the global. In Chan, M. K. and So, A. Y. (Ed.) Crisis and Transformation in Chinas Hong Kong [M]. NY: M. E. Sharpe, 2002: 343-363.

[103] KUAN, H. C. Anti-Corruption legislation in Hong Kong—A history, In Rance, P. L. Lee eds. Corruption and its control in Hong Kong: Situations up to the late seventies [M]. Hong Kong: The Chinese University Press, 1981: 15-43.

[104] KWONG, J. The political economy of corruption in China [M]. NY: M. E. Sharpe, 1997.

[105] LAI, A. Building public confidence in anti-corruption efforts: the approach of the Hong Kong Special Administrative Region of China [J].

Forum on Crime and Society, 2002 (2).

[106] LAMBSDORFF, J. G. Causes and Consequences of Corruption: What Do We Know from A Cross-section of Countries? In Ackerman-Rose, S. Eds. International Handbook on the Economics of Corruption [M]. MA: Edward Elgar, 2006.

[107] LEE, F. L., CHAN, J. M. Activating support for social movements: the effect of the internet on public opinion toward social movements in Hong Kong [J]. Taiwan Journal of Democracy , 2012 (8).

[108] LEE, R. P. Corruption and its control in Hong Kong: Situations up to the late Seventies [M]. Hong Kong: Chinese University Press, 1981.

[109] LETHBRIDGE, H. J. The emergence of bureaucratic corruption as a social problem in Hong Kong [J]. Journal of Oriental Studies, 1974.

[110] LI H., GONG T., XIAO H. The Perception of Anti-corruption Efficacy in China: An Empirical Analysis [J]. Social Indicators Research, 2016 (125).

[111] LO T. W. Corruption and politics in Hong Kong and China [M]. Buckingham: Open University Press, 1993.

[112] LO, T. W. Hong Kong: Minimizing crime and corruption [J]. Trends in Organized Crime, 1999 (4).

[113] LU, X. B. From rank-seeking to rent-seeking: Changing administrative ethos and corruption in reform China. Crime [J]. Law and Social Change, 1999 (32).

[114] LU, X. B. Cadres and Corruption: The Organizational Involution

of the Chinese Communist Party [M]. Stanford: Stanford University Press, 2000.

[115] LI, L. Senior Officials' Corruption-Related Malpractice in Hong Kong after 1997 [D]. PhD Thesis, City University of Hong Kong, 2014.

[116] MA, N. Civil society and democratization in Hong Kong paradox and duality [J]. Taiwan Journal of Democracy, 2008 (4).

[117] MA, S. K. The dual nature of anti-corruption agencies in China [J]. Crime Law and Social Change, 2008 (49).

[118] MANION, M. Corruption by design: Bribery in Chinese enterprise licensing [J]. Journal of Law, Economics and Organization, 1996 (12).

[119] MANION, M. Corruption by design: Building clean government in mainland China and Hong Kong [M]. Cambridge Mass: Harvard University Press, 2004.

[120] MARGIT, T. Why do people engage in corruption? The case of Estonia [J]. Social Forces, 2010 (88).

[121] MARK P. Access, Accountability and Authority: Corruption and the Democratic Process [J]. Crime, Law & Social Change, 2001 (36).

[122] MCWALTERS, I. Bribery and corruption law in Hong Kong. Hong Kong [M]. Lexis Nexis Butterworths, 2003.

[123] MEANEY, C. S. Market reform and disintegrative corruption in urban China, In Baum (Ed.) Reform and reaction in Post-Mao China: the

road to Tiananmen [M]. New York: Routledg, 1991.

[124] MICHAEL J , YU FAN H. China's Surge of Corruption [J]. Journal of Democracy, 1995 (6).

[125] MICHAEL J. The Search for Definitions: The Vitality of Politics and the Issue of Corruption [J]. International Social Science Journal, 1996 (48).

[126] MICHAEL JOHNSTON (ED.) Civil society and corruption: mobilizing for reform [M]. University Press of America, 2005.

[127] MICHAEL JOHNSTON. A brief history of anticorruption agencies, In Anadreas, S., Larry D., Marc F. P. , The self-restraining state: Power and accountability in new democracies [M]. Boulder, Colo.: Lynne Rienner Publishers, 1999.

[128] NGO, T. W. Rent-seeking and economic governance in the structural nexus of corruption in China. Crime [J]. Law and Social Change, 2008 (49).

[129] NIKOS, P. Anti-corruption agencies and the need for strategic approaches: A preface to this special issue [J]. Crime Law and Social Change, 2010 (53).

[130] OECD. Specialized anti-corruption institutions review of models [M]. Paris: OECD Oi, 2007.

[131] OI, J. C. Partial market reform and corruption in rural China, In Baum (Ed.) Reform and reaction in Post-Mao China: the road to Tiananmen [M]. New York: Routledge, 1991.

[132] OLIVIA YU. Corruption in China's Economic Reform: A Review of Recent Observations and Explanations [J]. Crime Law & Social Change, 2008 (50).

[133] OSTERGAARD, C. S., PETERSON, C. Official Profiteering and The Tiananmen Square Demonstrations in China [J]. Corruption and Reform, 1991 (6).

[134] PALMIER, L. The control of bureaucratic corruption: Case studies in Asia [M]. New Delhi: Allied Publishers, 1985.

[135] QUADE, E. A. The logic of anticorruption enforcement campaigns in contemporary China [J]. Journal of Contemporary China, 2007 (16).

[136] QUAH, J. S. Combating corruption in Singapore: what can be learned? [J]. Journal of Contingencies and Crisis Management, 2001 (9).

[137] QUAH, J. S. Controlling corruption in city - states: A comparative study of Hong Kong and Singapore [J]. Crime Law and Social Change, 1995 (22).

[138] QUAH, J. S. Defying institutional failure: Learning from the experiences of anti-corruption agencies in four Asian countries [J]. Crime Law and Social Change, 2010 (53).

[139] QUAH, J. S. The public policy-making process in Singapore [J]. Asian Journal of Public Administration, 1984 (6).

[140] QUAH, J. S. Anti-corruption Agencies in Four Asian Countries: A Comparative Analysis [J]. Research in Public Policy Analysis and Man-

agement, 2008 (17).

[141] QUAH, J. S. National integrity system transparency [J]. International Regional Overview Report East and Southeast Asia, 2006.

[142] QUAH, J. S. The public policy-making process in Singapore [J]. Asian Journal of Public Administration, 1984 (6).

[143] QUAH, J. S. Comparing Anti-corruption Measures in Asian Countries: Lessons to be Learnt [M]. Pagesetters Services PTE Limited, 1999.

[144] R., JOHNSTON, N.. AND PELIZZO, R. The Role of Parliament in Curbing Corruption [M]. Washington, D. C.: The World Bank, 2006: 135-148.

[145] RICHARD B . Reform and Reaction in Post-Mao China: The Road to Tiananmen [M]. New York: Routlege, 1991.

[146] ROBERT W. New Concepts for Old? [J]. The Third World Quarterly, 1999 (20).

[147] ROSENAU, J. N. , CZEMPIEL, E. O. Governance without government: order and change in world politics [M]. Cambridge: Cambridge University Press, 1992.

[148] Royal Hong Kong Police Force 1970-73; ICAC 1975-78, cited from Manion, M., Corruption by Design: Building Clean Government in Mainland China and Hong Kong [M]. Cambridge Mass : Harvard University Press, 2004.

[149] SAMPSON, S. Integrity warriors: Global morality and the anti-

corruption movement , In Haller, D. &Shore, C. (Ed.) Corruption anthropological perspectives [M]. London: Ann Arbor, MI: Pluto, 2005.

[150] SAMUEL P. Huntington, Political Order in Changing Societies [M]. New Haven : Yale U. Press, 1968.

[151] SCHARPF F. W. Games Real Actors: Actor-Centered Institutionalism in Policy Research [M]. Boulder: Westview Press, 1997.

[152] SCOTT, I. , LEUNG, J. Y. Managing integrity: the regulation of post public employment in Britain and Hong Kong [J]. Public Organization Review, 2008 (8).

[153] SCOTT, I. Institutional design and corruption prevention in Hong Kong [J]. Journal of Contemporary China, 2013 (22).

[154] SCOTT, I., LEUNG, J. Y. Managing integrity: the regulation of post public employment in Britain and Hong Kong [J]. Public Organization Review, 2008 (8).

[155] SELIGSON, M. A. The measurement and impact of corruption victimization: Survey evidence from Latin America [J]. World Development, 2006 (34).

[156] SEUMAS MILLER, PETER ROBERTS, EDWARD SPENCE, ETC. Corruption and Anti- Corruption: An Applied Philosophical Approach [M]. N. J.: Pearson/Prentice Hall, 2005.

[157] SO, A. Y. The transformation of social movements in Hong Kong after 1997, In Jeffrey Broadbent and Vicky Brockman (Ed.). East Asian Social Movements: Power, Protest and Change [M]. New York: Springer, 2011.

[158] STARK, A. Conflict of interest in American public life [M]. Cambridge: Harvard University Press, 2000.

[159] SUMNER, C. Censure, politics and criminal Justice [M]. Philadelphia: Open University Press, 1990.

[160] SUN, Y. Corruption and market in contemporary China [M]. Ithaca: Cornell University Press, 2004.

[161] SUN, Y. The politics of conceptualizing corruption in reform China [J]. Crime Law and Social Change, 2001 (35).

[162] SUN, Y. Cadre recruitment and corruption: what goes wrong? [J]. Crime, Law & Social Change, 2008 (49).

[163] SUSAN R-A. Corruption and Government: Causes, Consequences, and Reform [M]. Cambridge: Cambridge University Press, 1999.

[164] TRUEX, R. Corruption attitudes and education: Survey evidence from Nepal [J]. World Development, 2011 (39).

[165] WEDEMAN, A. The intensification of corruption in China [J]. China Quarterly, 2004.

[166] WEDEMAN, A. Anticorruption campaigns and the intensification of corruption in china [J]. Journal of Contemporary China, 2005 (42).

[167] WHITE, G. Corruption and market reform in China [M]. IDS Bulletin, 1996: 40-47.

[168] WONG, J. K. The ICAC and its anti-corruption measures, In Lee, R. P., ed. Corruption and its control in Hong Kong: Situations up to the late seventies [M]. Hong Kong: Chinese University Press, 1981: 45-72.

[169] YAO, S. T. Privilege and corruption: the problems of China's socialist market economy [J]. American Journal of Economics and Sociology, 2002 (61).

[170] YEP, R. The Crusade against Corruption in Hong Kong in the 1970s: Governor MacLehose as a Zealous Reformer or Reluctant Hero? [J]. China Information, 2013 (27).

[171] ZHU Q W. Reorientation and Prospect of China's Combat against Corruption [J]. Crime Law & Social Change, 2008 (49).

后 记

对于腐败治理问题的关注源于我的博士研究生论文。在准备和撰写博士论文期间，我阅读了大量中英文文献。这个过程让我意识到腐败和反腐败问题不仅是一个历时性的古今顽疾，亦是一个全球性的治理问题。对于它的研究也随着社会科学发展的深化而不断迭代和更新。今天，社会科学对于该领域的研究呈现出多元态势。学界的发展始终受到实践的推动，甚至在很多时候，我们会发现实践走在了研究的前面。由此，这也使得这个领域呈现出独特的研究景象。这种独特性也在不断深化着我的思考。而在博士生期间近距离接触的中国香港个案无疑为我提供了一个绝佳的观察场。

中国香港的规模很小，但它却在治理领域积累了很多独特的经验，尤其是腐败治理，更是以廉政公署享誉世界。中国香港廉政公署“三位一体”的制度经验与“零容忍”的廉洁文化，吸引了全球范围内众多学者的关注，产生了大量的研究成果。然而，在香港学习的五年时间里以及后续工作后的观察中，我却越来越发现学界对于它作为腐败治理成功的典型个案的挖掘依然不够全面，即便已经有非常丰硕的成果关注了中国香港这套廉政治理制度，却依然有一些问题没有得到足够的重视。比如从腐败到清廉的转型过程是如何完成的？这种转型对于其他国家或地区的借鉴经验是什么？转型之后是如何实现可持续发展的？基于这些问题的思考，我逐渐意识到中国香港个案的价值需要重新挖掘，并从中提炼出了“清廉转型”这一概念。“清廉转型”概念突破了以往从静态的层面来思考反腐败治理的实践与经验的局限，而是从动态的视角来关注从腐败到清廉的转变过程，以及实现清廉之后的可持续发展的动力机制等内容。

显然，这样的思考和挖掘与我们当下所进行的从严治党和反腐倡廉工作是紧密关联的。自党的十八大以来，反腐败工作呈现出新的态势，在“打虎拍蝇”解决存量的同时，基于预防和教育策略也在不断释放新的信息。其中暗含的逻辑就是如何解决好从腐败转变为清廉，在实现了反腐败压倒性胜利后，又如何能够保持清廉成果不反弹，最终实现河清海晏。这些实践动态都需要学界研究不断更新思考。“清廉转型”的提出可谓正当其时，一方面正是对于正在进行的党和国家的反腐败工作的观察和总结；另一方面，又是对这一全球性问题所进行的个案再剖析和借鉴。

在这个过程中，本书采用的个案研究不是一种基于全球范围内的横向的多案例比较，不追求个案数量上的统计规律的呈现，而是基于单一或较少数个案的深入解剖去探究历史变迁下的转型过程的发生机制。虽然选取的个案是一只很小的“麻雀”，却能够清晰地梳理和总结出“清廉转型”的两重内涵：其一为如何从腐败转向清廉；其二为如何能够稳固清廉成果。具体而言，从腐败向清廉的转型，完成减存量的目标，需要借助行动者的积极行动和有效博弈，还需要借助制度力量，依靠明确的法律规范和专业的反腐败机构来有效执行反腐败政策，也需要基于民众的有序的反腐败参与和廉洁文化等非正式制度的配套；巩固清廉成果，实现“减增量”的目标，需要不断寻求应对新型腐败的意识和能力，从宏观的政策制定者到微观的执行者所依赖的专业机构、法律规范、社会文化、民众参与等方面继续着眼于动态的理念。

“反腐败永远在路上。”这是中国共产党对于腐败治理的政治信念与坚定决心的宣照。诚如斯言，对于不可消除的人类社会的“腐败之癌”，腐败治理确实不可能一劳永逸。反腐败亦是一项持续性的长远性的治理任务。其有效在于行动者之间有效的协同和配合，也在于正式制度与非正式制度的支持与配套，更在于动态的审视理念。于此，“清廉转型”就具有了意义。

本书所关注的个案源于对中国香港的思考和分析，但也并不止于此，在近年来对于党和国家开展的从严治党和反腐败工作进行的跟踪式观察和研究中，我也不断深化了对相关问题的再思考和理解。因此，感谢开启我从事这个领域研究的导师卢铁荣教授；感谢不断给予我指导和帮助的来自清华大学政治学系的各位老师，中国政法大学政治与公共管理学院的各位老师，他们的名字虽然无法一一列出，但我都铭记在心；最后也同样感谢我可爱的研究生同学们，他们帮助我完成了部分内容校对等烦琐的工作；感谢我的家人们，他们一直默默给予我的支持成为我前行最大的动力。

李莉

2022年季春于海淀蓟门校区